A CHEGADA DA ESCRITA

Hélène Cixous

A CHEGADA DA ESCRITA

Coordenação, versão final e notas
Flavia Trocoli

Grupo de tradução
Danielle Magalhães, Flavia Trocoli,
Isadora Nuto, Marcelle Pacheco, Patrick Bange,
Renata Estrella, Tainá Pinto

© Éditions Des femmes-Antoinette Fouque, 1986
© desta edição, Bazar do Tempo, 2024

Título original: *La venue à l'écriture*

Todos os direitos reservados e protegidos pela lei n. 9610, de 12.2.1998.
Proibida a reprodução total ou parcial sem a expressa anuência da editora.

Este livro foi revisado segundo o Acordo Ortográfico da Língua Portuguesa
de 1990, em vigor no Brasil desde 2009.

Edição **Ana Cecilia Impellizieri Martins**
Assistente editorial **Olivia Lober**
Copidesque **Joice Nunes**
Revisão **Luiza Cordiviola e Taís Bravo**
Projeto gráfico, capa e diagramação **Violaine Cadinot**
Acompanhamento gráfico **Marina Ambrasas**
Imagem p. 100 Hélène Cixous, 1976. © Sophie Bassouls

1ª reimpressão, fevereiro de 2025

Apoio

Cientista do Nosso Estado -
E-26/202.666/2019 (247412)

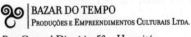

Rua General Dionísio, 53 – Humaitá
22271-050 – Rio de Janeiro – RJ
contato@bazardotempo.com.br
www.bazardotempo.com.br

SUMÁRIO

A chegada da escrita 7

Letras do-que-vive-à-espreita! 12

Mata-se uma menina 16

Como eu poderia ter escrito? 17

Infantasmas 27

Sua boca 28

Confissão 49

*Requienésima conferência
sobre a Infiminilidade* 50

Apesar de tudo ela escreve! 52

Posfácio *81*
A que passa é sempre mais de uma,
quer dizer as mulheres, as línguas
Flavia Trocoli

Sobre Hélène Cixous *98*

Referências bibliográficas *101*

Bibliografia de Hélène Cixous *103*

A CHEGADA DA ESCRITA

No começo, adorei. O que eu adorava era humano. Sem pessoas, sem totalidades, sem seres denominados e delimitados. Apenas signos. Cintilações do ser que me impactavam, que me incendiavam. Fulgurações que vinham a mim: Olhe! Eu me abrasava. E o signo se retirava. Desaparecia. Entretanto, eu queimava e me consumia inteira. O que me acontecia, tão poderosamente lançada de um corpo humano, era a beleza: tinha um rosto, todos os mistérios estavam inscritos nele, guardados, eu estava diante, eu pressentia que tinha um além ao qual não tinha acesso, um lá sem limite, o olhar me apressava, me interditava a entrada, eu estava fora, à espreita feito animal. Um desejo buscava sua morada. Eu era esse desejo. Eu era a pergunta. Estranho destino da pergunta: buscar, perseguir as respostas que a acalmam, que a anulam. Se algo a anima, a eleva, a incita, dá a ela vontade de se colocar, é a impressão de que o outro está ali, tão próximo, ele existe, tão longe, em algum lugar do mundo, cruzada a porta está o rosto que promete, a resposta pela qual continuamos a nos mover, a causa pela qual não podemos descansar, o amor por ela impede de renunciar, de nos deixarmos levar; a morrer. Que infelicidade, contudo, se a pergunta encontrar *sua* resposta! Seu fim!

Adorei o Rosto. O sorriso. A face que faz meu dia e minha noite. O sorriso me mantinha afastada, em êxtase. Em terror. O mundo edificado, iluminado, aniquilado pelo estremecer desse rosto. Esse rosto não é uma metáfora. Rosto, espaço, estrutura. Lugar de todos os rostos que me dão nascimento, que retêm minha vida. Eu o vi, eu o li, eu o contemplei até me perder nele. Quantas faces para um rosto? Mais de uma. Três, quatro, mas sempre a única, e a única sempre, mais de uma.

Eu o *li*: o rosto significava. E cada signo indicava um novo caminho a ser seguido, para nos aproximarmos do sentido. O Rosto me soprava alguma coisa, me falava, me chamava a falar, a decifrar todos os nomes que o cercavam, o evocavam, o roçavam, o faziam aparecer. Ele tornava as coisas visíveis e legíveis, como se ele tivesse escutado que, mesmo se a luz se afastasse, as coisas iluminadas por ela não desapareceriam; o que ela tinha tocado permaneceria, não cessaria de estar aqui, de brilhar, de se deixar ainda nomear.

Desde que me entendo por gente, o recordo com uma dor que não diminui, tremi; temi a separação; me apavorei com a morte. Eu a vi trabalhar, adivinhava o ciúme, a constância, e que nada vivo lhe escapava. Eu a vi ferir, paralisar, desfigurar, massacrar, desde que meus olhos olharam. Descobri que o Rosto era mortal, a cada instante teria de recuperá-lo à força do nada. Não adorei o-que-vai-desaparecer – para mim, o amor não está ligado à condição da mortalidade. Não. Amei. Tive medo. Tenho medo. Por causa do medo, reforcei o amor, tornei alertas todas as forças da vida, armei o amor com alma e com palavras, para impedir a vitória da morte. Amar: conservar vivo: nomear.

O rosto primitivo foi o de minha mãe. Sua face podia me dar, à vontade, a vista, a vida, e retirá-las. Por causa da paixão pelo rosto primeiro, durante muito tempo esperei a morte por este lado. Com a ferocidade de um animal, mantinha minha mãe à vista. Cálculo errado. No tabuleiro, eu chocava a dama, e foi o rei que caiu.

Escrever: para não deixar lugar para o morto, para fazer recuar o esquecido, para nunca se deixar surpreender pelo abismo. Para nunca se resignar, nem se consolar, para nunca voltar seu leito[1] contra a parede e voltar a dormir como se nada tivesse acontecido; nada podia acontecer.

Talvez eu só tenha escrito para ter a graça do Rosto. Por causa da desaparição. Para afrontar sem cessar o mistério, o do está-lá-não-está. O do visível e do invisível. Para lutar contra a lei que diz: "Não farás nenhuma imagem esculpida, nem figura alguma

---

1 Optamos por traduzir *lit* por "leito", não por "cama", para tentar guardar possíveis ressonâncias com "ler", *lire*, e "leite", *lait*. (N.T.)

do que está em cima, nos céus, ou embaixo, sobre a terra, ou nas águas, debaixo da terra." Contra o edito da cegueira. Não raro, perdi a vista; e não terminarei de me fazer imagem esculpida. Minha escrita olha. De olhos fechados.

Você quer ter. Você quer tudo. Mas não é permitido ao humano ter. Ter tudo. E, a uma mulher, não é permitido nem mesmo esperar ter aquilo que um humano pode ter. Há tantas fronteiras, tantos muros, e, no interior dos muros, há outros muros. Bastiões, nos quais, em uma manhã, acordei condenada. Cidades em que estou isolada. Quarentenas, jaulas, casas de "saúde", frequentei-as tantas vezes, meus túmulos, minhas celas corporais, a terra tão cheia de lugares de reclusão para mim. Para o corpo, o calabouço; para o espírito, o silêncio. Períodos de prisão: quando estou nela, a pena é de uma extensão e de uma naturalidade imprevisíveis. Mas só-depois me sinto como se estivesse "em casa". O que você não pode ter, o que não pode tocar, cheirar, acariciar, tenta ao menos ver. Eu quero ver: tudo. Não há a Terra Prometida à qual chegar um dia. Ver o que não teremos jamais. Talvez eu escreva para ver, para ver aquilo que jamais tive, para que ter não seja o privilégio da mão que toma e fecha; como a garganta, como o estômago. Mas a mão que mostra os dedos, como dedos que veem, desenham, como pontas dos dedos que traçam sob o doce ditado da visão. Do ponto de vista do olho da alma. O olho dama. Do ponto de vista do Absoluto, no sentido próprio dessa palavra: a separação.

Escrever para tocar com as letras, com os lábios, com o sopro, para acariciar com a língua, lamber com a alma, provar o sangue do corpo amado; da vida afastada; para saturar de desejo a distância; para que ela não te leia.

Ter? Uma posse sem limites, sem restrição; sem nenhuma "garantia", um ter que não garante, não possui, o ter-amor, esse que se sustenta em amar, na relação de sangue.[2] Assim, se dê aquilo que se-Deus--existisse te daria.

Quem pode definir o que "ter" quer dizer? Onde se dá o viver? Onde se goza sem limites?

Tudo está aí: quando a separação não separa; quando a ausência é reavivada, retomada do silêncio, da imobilidade. No espanto que o amor causa ao nada. Minha voz afasta a morte; minha morte, sua morte; minha voz é o meu outro. Escrevo e você não está morto. Se escrevo, o outro está salvo.

A escrita é boa: é o que não tem fim. Em mim circula o outro mais simples, mais seguro. Como o sangue: dele não se carece. Ele pode ficar fraco. Mas você o fabrica e o renova. Em mim, a palavra de sangue, a qual não estancará antes do meu fim.

Na verdade, primeiro escrevi para barrar a morte. Por causa de um morto. A morte mais cruel, a que nada perdoa, a irreparável. Trata-se disto: você morre

---

2 Em *sang-rapport*, pode-se escutar também "sem-relação". (N.T.)

enquanto não estou lá. Enquanto Isolda não está, Tristão se volta contra a parede e falece. O que se passa, e o que não se passa, entre esse corpo e essa parede me transpassa de dor, me faz escrever. Necessidade do Rosto: de passar a parede, de rasgar o véu negro. De ver com meus olhos o que perco. De olhar a perda nos olhos. Quero ver com meus olhos a desaparição. O intolerável é que a morte não aconteça, que ela me seja roubada. Que eu não possa vivê-la, tomá-la em meus braços, gozar em sua boca do último suspiro.

Escrevo ainda. Aqui. Escrevo vida, escrevi ainda aqui.[3] A vida: o que toca a morte. Escrevo colada contra elas minhas.[4]

Letras[5] *do que-vive-à-espreita:*

Dizer, para atenuar, a fragilidade da vida, o tremor do pensamento que ousa querer capturá-la, girar em torno da armadilha armada pela vida a cada vez que você coloca a pergunta soprada pela morte, a questão

---

3 No português, perde-se a homofonia entre *j'écris vie* ("Escrevo vida") e *J'écrivis* ("Escrevi"). (N.T.)

4 Optamos por manter a interrupção do texto em acordo com a edição francesa. (N.T.)

5 Pode-se escutar, em *lettres*, "letras" e "cartas". Optamos por "letras", por elas poderem abranger as letras das cartas e pelo fato de a autora falar em caligrafia. (N.T.)

diabólica: "Por que viver? Por que eu?". Como se fosse a morte que quisesse compreender a vida. A pergunta mais perigosa, já que ela não se coloca a não ser como ameaça, como uma pedra tumular, justamente no momento que você não tem mais "razão" para viver. Viver, estar-vivo, ou, ainda, não estar aberto à morte é não ocupar o lugar em que essa questão se faz iminente. Mais precisamente, vive-se sempre *sem* razão; e viver é isto, é viver sem razão, para nada, à graça do tempo. Se pensarmos bem, é a não-razão, a verdadeira loucura. Mas não pensamos. A partir do momento que se introduz algo do "pensamento", da "razão", nas imediações da vida, sobram motivos para enlouquecer.

Escrever impede a pergunta que ataca a vida que chega. Não se pergunte: por que?, tudo treme quando bate a pergunta pelo sentido.

Nascemos. Vivemos. Todo mundo o faz, com uma força de animal cego. Azar o seu se você quer ter o olhar humano, se você quer saber o que te acontece.

Loucas: aquelas que são obrigadas a refazer o ato de nascimento a cada dia. Eu penso: nada me é dado. Eu não nasci de uma vez por todas. Escrever, sonhar, parir-se, ser eu mesma filha minha a cada dia. Afirmação de uma força interior capaz de olhar a vida sem morrer de medo e, sobretudo, de olhar a si mesma como se você fosse ao mesmo tempo outra – indispensável ao amor –, e nada mais nada menos do que eu.

Tenho medo: que a vida se torne estranha. Que ela não seja mais este nada que faz sentido imediatamente em meu corpo, mas que, fora de mim, ela me rodeie e me pressione com sua pergunta; que ela se torne o enigma, a sem-razão, o lance de dados, o golpe de misericórdia.

Terror: a sentença de vida, a sentença de morte: Terror de toda criança. Tornar-se adulto talvez seja não se perguntar mais de onde venho, para onde vou, quem sou. Afastar o passado, desviar do futuro? Colocar a História em seu lugar? Talvez. Mas qual é a mulher poupada pela interrogação? Você também não se pergunta: quem sou eu? Quem eu fui? Por que eu? Por que não eu? Você não treme de incerteza? Você não é como eu? Não fica se debatendo incessantemente para não cair na armadilha? O que significa que você já está na armadilha, porque o medo de duvidar já é a dúvida que você teme. E por que essa questão do por-que--eu-sou não me deixa em paz? Ela me faz perder o equilíbrio? Qual a relação com ser-mulher? É que, acredito, a cena social te obriga a isso; a História te condena a isso; se você quer crescer, avançar, expandir sua alma, gozar ao infinito dos corpos, dos bens, onde você se colocará? Você é, também, *juifemme*[6], menor,

---

6 Em *juifemme* – *juif* ("judeu", em francês) e *femme* ("mulher", em francês) – pode-se escutar "mulher judia" e, também, o imperativo "goza, mulher". (N.T.)

diminutiva, camundonga[7] entre o povo dos camundongos, destinada ao temor do grande gato malvado. À diáspora de seus desejos, aos desertos íntimos. E se você cresce, seu deserto cresce também. Se você sai do buraco, o mundo mostra que não há lugar para a sua espécie.

– Se é para que eu não me encontre, por que me colocou no mundo?

A quem fazer essa pergunta, você nem ao menos sabe.

Às vezes penso que comecei a escrever para dar lugar à pergunta errante que me assombra a alma e, a machadadas,[8] me corta o corpo. Para lhe dar chão e tempo; para desviar de minha carne a sua lâmina; para dar, procurar, chamar, tocar, colocar no mundo um novo ser que não me prende, que não me expulsa, que, de estreiteza, não perece.

Por causa do seguinte sonho:
Minha recusa da doença como arma. Inclusive, há uma que me dá horror. Ela já não está morta?

---

7 Em *souris*, pode-se escutar "sorriso" e "camundonga"; variamos as traduções de acordo com o contexto. (N.T.)

8 Em francês, *me hache*. Pode-se escutar a pronúncia da primeira letra do primeiro nome de Hélène, "H". Para ler mais torno dessa letra, há dois livros notáveis: de Cixous, *Three Steps on the Ladder of Writing* [Três passos na escada da escrita] (1994) e de Jacques Derrida, *H.C. pour la vie, c'est à dire...* [H.C. é para a vida, isto é...] (2002). (N.T.)

Fodida. Temo sua morte. Ali, em seu grande leito. Espantosamente, triste. Sua doença: o câncer. Uma mão doente. Ela mesma é a doença. Você a salvará cortando-lhe a mão? Ultrapasse o atroz, o desgosto angustiante não da morte, mas da condenação, do trabalho da doença. Todo meu ser está em convulsão. Diga-lhe o que é preciso dizer: "Você tem duas mãos, se uma mão não vive mais, corte-a. Você tem um amanhã. Quando uma mão não te servir mais, substitua por outra. Aja. Responda. Você perdeu a mão que escreve? Aprenda a escrever com a outra." E com ela, ela-mesma-eu-sua-mão, começo o traçado sobre o papel. Pois bem, imediatamente desdobra-se uma caligrafia perfeita, como se ela sempre tivesse tido essa escrita na outra mão. Se morrer, viva. Com uma mão, sofrer, viver, tocar com os dedos a dor, a perda. Mas há a outra mão, a que escreve.

Mata-se uma menina:

No começo, desejei.
– O que ela quer?
– Viver. Nada além de viver. E me ouvir dizer o nome.
– Que horror! Cortem a língua dela!
– O que ela tem?
– Quer voar!
– Nesse caso, temos gaiolas extras.

Qual Supertio nunca cortou as asinhas de uma menina, não a amarrou, não enfaixou os pés da sua queridinha para que fossem graciosamente pequenos, não a mumificou no "tão bonitinha"?

Como eu poderia ter escrito?

Não deveríamos ter, antes de tudo, "boas razões" para escrever? Aquelas misteriosas para mim, mas que dão o "direito" de escrever? E eu não as conhecia. Eu não tinha senão a "má" razão; aliás, não era uma razão, era uma paixão, alguma coisa inconfessável – e também inquietante, um desses traços da violência que me afligia. Eu não "queria" escrever. Como eu poderia "querer"? Eu não tinha me desviado a ponto de perder a medida das coisas. Um camundongo não é um profeta. Eu não teria tido coragem para reclamar meu livro com Deus no Sinai, mesmo se, como camundonga, eu tivesse energia para escalar a montanha. Da razão, nada. Só loucura. Da escrita no ar em torno de mim. Sempre próxima, embriagante, invisível, inacessível. Escrever me atravessa! De repente isso vinha. Um dia fui perseguida, sitiada, presa. Isso me pegava. Eu estava tomada. Por onde? Não sei. Jamais soube. Por uma região em meu corpo. Não sei onde ela está. "Escrever" me tomava, me agarrava, perto do diafragma, entre o ventre e o peito, um sopro dilatava meus pulmões e eu parava de respirar.

De repente, fui tomada por uma turbulência que me sufocava e me inspirava a atos loucos. "Escreva." Quando digo que "escrever" tomou conta de mim, não era uma frase para me seduzir, não havia nada escrito, justamente, nenhuma letra, nenhuma linha. Mas, no oco da carne, o ataque. Empurrada. Não penetrada. Investida. Agida. O ataque era urgente: "Escreva!". Mesmo se eu não fosse mais que um magro camundongo anônimo, eu conhecia bem o choque terrível que galvaniza o profeta, despertado em plena vida por uma ordem de cima. Há algo que obriga você a atravessar os oceanos. Eu, escrever? Mas eu não era um profeta. Uma vontade sacudia meu corpo, mudava meu ritmo, lutava em meu peito, tornava meu tempo insuportável. Eu estava tempestuosa. "Exploda!" – "Você pode falar!" E, aliás, quem fala? A Vontade teve a violência de um golpe. Quem me bate? Quem me segura por trás? E, no meu corpo, um sopro de gigante, mas nenhuma frase. Quem me empurra? Quem me invade? Quem me transforma em um monstro? Em um camundongo que quer se tornar tão grande quanto um profeta?

Uma força alegre. Não um deus: isso não vem de cima, mas de uma região inconcebível, que me é interior, porém desconhecida, em relação com uma profundidade, como se pudesse existir no meu corpo (que, de fora, e do ponto de vista de um naturalista, é tudo o que há de mais elástico, nervoso, magro e vivo, não sem encanto, os músculos firmes, o nariz pontudo sempre úmido e trêmulo, as patas vibrantes), um outro espaço, sem limites, e ali, nas zonas que me habitam e que eu não sei habitar, eu as sinto, eu não as vivo, elas me vivem, jorram as fontes de minhas almas, eu não as vejo, eu as sinto, é incompreensível, mas é assim. Há fontes. É o enigma. Uma manhã, isso explode. Meu corpo conhece ali uma de suas alucinantes aventuras cósmicas. Tenho um vulcão nos meus territórios. Mas sem lava: o que quer escorrer é o sopro. E não de qualquer forma. O sopro "quer" uma forma. "Escreva-me!" Um dia, a súplica, outro dia, a ameaça. "Mas você vai me escrever ou não?" Ele poderia me dizer: "Pinte-me." Tentei. Mas a natureza de sua fúria exigia a forma que detém o mínimo, que aprisiona o mínimo, o corpo sem moldura, sem pele, sem parede, a carne que não seca, que não se enrijece, que não coagula o sangue louco que quer percorrê-la – eternamente. "Deixe-me passar ou destruo tudo!"

Qual chantagem poderia levar-me a ceder ao sopro? Escrever? Eu? Porque era muito forte e muito furioso, eu amava esse sopro, eu o temia. De manhã, ser erguida, arrancada do chão, lançada nos ares. Ser surpreendida. Guardar em mim a possibilidade do inesperado. Adormecer camundongo, despertar águia! Que deleite! Que terror. Eu não tive nada a ver com isso, não podia fazer nada. A cada vez que o sopro me possuía, repetia-se o mesmo infortúnio: o que começava, a despeito de mim, em exaltação, por minha culpa, prosseguia em combate, e se concluía em queda e desolação.

Mal cheguei no alto: "Ei! O que você faz aí? Isso é lugar de camundongo?" Vergonha! Uma vergonha me atingia. Não falta sobre a terra e, consequentemente, não faltava nos meus espaços pessoais, guardiões da lei, os bolsos cheios da "primeira pedra" a ser lançada nos camundongos voadores. Quanto ao meu guardião interior – que à época eu não chamava de supereu –, ele era mais rápido e mais preciso do que todos os outros: me atirava a pedra antes de todos os outros – pais, mestres, contemporâneos prudentes, submissos, bem-comportados – todos os não loucos e anticamundongos – tinham tido tempo de atirar. "*The fastest gun*", era eu. Felizmente! Minha vergonha liquidou a minha conta sem escândalo. Eu estava "salva".

Escrever? Nunca pensei. Sonhei com isso incessantemente, mas com pesar e humildade, com a resignação, a inocência dos pobres. A Escrita é Deus. Mas não o seu. Como a Revelação de uma catedral: nasci em um país em que a cultura havia retornado à natureza – se refeito carne. Ruínas que não são ruínas, mas hinos da memória luminosa, África noite e dia cantada pelo mar. O passado não tinha passado. Ele tinha se deitado como o profeta no seio do tempo. Aos dezoito anos, descubro a "cultura". O monumento, seu esplendor, sua ameaça, seu *discurso*. "Admire-me. Eu sou o gênio do cristianismo. De joelhos, rebento da raça ruim. Efeméride. Eu me ergui pelos meus fiéis. Fora, pequena judia. Rápido, ou te batizo." "Glória": que palavra! um nome de exército, de catedral, de vitória altiva; não era uma palavra para *juifemme*. Glória, vitrais, bandeiras, cúpulas, edifícios, obras-primas, como não reconhecer sua beleza? E por que ela me remete à minha estranheza?

Fui expulsa da catedral de Colônia em um verão. É verdade que eu tinha os braços descobertos, ou a cabeça. Um padre me botou para fora. Nua. Senti-me nua por ser judia, judia por estar nua, nua por ser mulher, judia por ser carne e alegre! – Terei todos os seus livros. Mas as catedrais deixo para vocês. Sua pedra é triste e máscula.

Os textos, eu os comia, os chupava, os sugava, fazia amor com eles. Sou a criança inumerável de sua multidão.

Mas escrever? Com que direito? Afinal, eu lia suas obras sem direito, sem permissão, sem aval.

Como eu poderia ter rezado em uma catedral e enviado uma mensagem impostora a seu Deus.

Escrever? Eu morria de amor, de vontade de dar à escrita o que ela havia me dado, que ambição! Que felicidade impossível. Alimentar minha própria mãe. Minha vez de dar-lhe meu leite? Imprudência louca.

Desnecessário ter um supereu muito severo para impedir-me de escrever: nada em mim tornava tal ato verossímil ou concebível. Será que muitos filhos de operários sonham em tornarem-se Mozart ou Shakespeare?

Tudo em mim ligava-se para interditar-me a escrita: a História, minha história, minha origem, meu gênero. Tudo o que constituía meu eu social, cultural. A começar pelo necessário, o que me fazia falta, isto é, a matéria em que a escrita se talha, da qual ela é extraída: a língua. Você quer – Escrever? Em qual língua? A propriedade e a lei desde sempre me policiaram: aprendi a falar francês em um jardim do qual eu estava prestes a ser expulsa por ser judia. Era da raça dos expulsos do paraíso. Escrever francês? Com que direito? Mostre-nos suas credenciais, diga-nos as senhas, assine, mostre suas mãos, suas patas, que nariz é esse?

Eu disse "escrever francês". Escreve-se *em*. Penetração. Porta. Bata antes de entrar. Estritamente proibido.

– Você não é daqui. Aqui não é sua casa. Usurpadora!

– É verdade. Não é por direito. Só por amor.

Escrever? Gozar como gozam e fazem gozar *sem fim* os deuses que criaram os livros; os corpos de sangue e de papel; suas letras de carne e de lágrimas; que põem fim ao fim. Os deuses humanos que não sabem o que fazem. O que o ver e o dizer deles fazem em nós. Como eu poderia não ter tido o desejo de escrever? Já que os livros me capturavam, me transportavam, me perfuravam até as entranhas, me faziam sentir sua potência desinteressada. Já que me sentia amada por um texto que não se endereçava a mim nem a você, mas ao outro, atravessada pela própria vida, que não julga, não escolhe, toca sem designar; agitada, arrancada de mim pelo amor? Quando meu ser estava povoado, meu corpo percorrido, fecundado, como eu teria podido me fechar em silêncio? Venha a mim, irei a você. Quando o amor faz amor com você, como impedir-se de murmurar, dizer seus nomes, dar graças às suas carícias?

Você pode desejar. Você pode ler, adorar, ser invadida. Mas escrever não lhe é permitido. Escrever estava reservado aos eleitos. Devia se dar em um espaço inacessível aos pequenos, aos humildes, às mulheres. Na intimidade do sagrado. A escritura falava aos seus profetas a partir de uma sarça ardente. Talvez tenham decidido que as sarças não dialogariam com as mulheres.

A experiência não comprovava isso? Eu não pensava, contudo, que ela dizia respeito aos homens comuns, mas apenas aos justos, aos seres esculpidos pela separação, para a solidão. Ela exigia-lhes tudo, tomava-lhes tudo; era impiedosa e doce, despossuía-os inteiramente de todo bem, de todo laço; reduzia-os, despojava-os, e, então, abria passagem para eles: em direção ao mais longínquo, ao sem nome, sem fim, ela lhes dava partida, era um direito e uma necessidade. Eles não chegariam nunca. Nunca seriam alcançados pelo limite. Ela estaria com eles, no futuro, como ninguém.

Assim, para essa elite, o belo trajeto sem horizonte, para além de tudo; a saída apavorante e embriagante em direção ao nunca ainda dito.

Mas, para você, os contos anunciam um destino de restrição e de esquecimento; a brevidade, a frivolidade de uma vida que só sai da casa da sua mãe para fazer três pequenos retornos que a levam de volta, atordoada, à casa da sua avó, que não fará de você mais que uma devorada. Para você, pequenina, potinho de leite, potinho de mel, cestinha, a experiência mostra, a história promete-lhe essa pequena viagem alimentar que a leva bem rapidamente ao leito do Lobo invejoso, sua avó sempre insaciável, como se a lei quisesse que a mãe fosse coagida a sacrificar a filha, para expiar a audácia de ter desfrutado as coisas boas da vida, em sua linda rebenta[9] de capa vermelha. Vocação para ser devorada, trajeto de cíbala.

Para os filhos do Livro, a busca, o deserto, o espaço inesgotável, desencorajador, encorajador, a marcha para frente. Para as filhas da dona de casa, o desviar-se na floresta. Enganada, decepcionada, mas fervendo de curiosidade. No lugar do grande duelo enigmático com a Esfinge, vem o questionamento perigoso endereçado ao corpo do Lobo: para que serve o corpo? Os mitos arrancam nossa pele. O Logos abre sua goela arrogante e nos engole.

Falar (exclamar, gritar, rasgar, a raiva me levou a isso constantemente) não deixa rastros: você pode falar, – isso evapora, os ouvidos não são feitos para ouvir, a voz se perde. Mas escrever! Estabelecer um

---

9 *Rejetonne*, feminização neológica de *rejeton*, "rebento". Em francês, *rejeton* indica também uma criança de família nobre. (N.T.)

contrato com o tempo. Marcar! Se fazer notar!!!
— Isso é proibido.

Eis todas as razões pelas quais eu acreditava não ter o direito de escrever, as boas, as nem tão boas, e as verdadeiramente falsas: - não tenho lugar de onde escrever. Nenhum lugar legítimo, nem terra, nem pátria, nem história.

— Nada volta para mim — ou então tudo volta —, e não mais do que para qualquer outra pessoa.

— Não tenho raízes: de quais fontes eu poderia tirar algo para alimentar um texto. Efeito da diáspora.

— Não tenho uma língua legítima. Em alemão canto, em inglês me disfarço, em francês *vooroubo*,[10] sou ladra, onde eu pousaria um texto?

— Já sou tão inteiramente a inscrição de uma lacuna que uma lacuna a mais é impossível. Eles me dão esta lição: você, a estrangeira, insira-se. Pegue a nacionalidade do país que a tolera. Seja sábia, entre na fila: do comum, do imperceptível, do doméstico.

Aqui estão suas leis; você não matará, será morta, não roubará, não será uma má recruta, não ficará louca ou doente, seria um desrespeito aos seus anfitriões, você não vai ziguezaguear. Você não escreverá. Você apren-

---

10 Neste ponto, como em *O riso da Medusa*, voltamos ao verbo *voler*, que, em francês, significa, "intransitivamente", "voar", e, transitivamente, "roubar". Optamos por *vooroubo* quando a indecidibilidade nos pareceu intransponível; outras vezes, o contexto nos permitiu optar por um ou outro sentido. (N.T.)

derá matemática. Você não se tocará. Em nome de quem eu escreveria?

Você, escrever? Quem você pensa que é? Eu poderia dizer: "Não sou eu, é o sopro!"? – "Ninguém." E era verdade: eu não me considerava ninguém.

Era o que me inquietava e me doía mais misteriosamente: ser ninguém. Todo mundo era alguém, pensava, menos eu. Eu era ninguém. "Ser" estava reservado para aquelas pessoas plenas, definidas, desdenhosas, que ocupavam o mundo com sua certeza, ocupavam seu lugar sem hesitação, estavam em casa, lá onde eu "estava" clandestinamente, como uma intrusa, o que sobrava disso era que eu estava sempre em alerta. Os pacíficos. "Ser?" Que certeza! Eu pensava: "Eu não poderia ter sido." E: "Eu serei." Mas dizer "eu sou"? Quem? Eu? Tudo o que se referia a mim publicamente e que eu usava – não recusamos um remo quando estamos à deriva – era enganoso e falso. Eu não estava enganada mas, objetivamente, estava enganando o mundo. Meus documentos eram falsos. Eu nem era uma garotinha, era um animal selvagem, medroso e não menos feroz (talvez eles suspeitassem disso). Nacionalidade? "Francesa." Não é culpa minha! *Eles* fizeram com que eu ocupasse o lugar da impostura. Mesmo agora, às vezes, sinto-me pressionada a me explicar, me desculpar, corrigir. Costumes velhos. Porque acreditei pelo menos, senão na verdade de ser, em um rigor, em uma pureza de linguagem. Se uma palavra começava a mentir, era porque estava sendo maltratada. Porque foi mal colocada, numa posição imbecil.

"Eu sou"...: quem ousaria falar como Deus? Não eu... *O que* eu era, se é que podia descrever-me, um turbilhão de tensões, uma série de incêndios, dez mil cenas de violência. (A História me alimentou com isso: tive a "sorte" de dar meus primeiros passos no fogo entre dois holocaustos, no meio, no cerne do racismo, ter três anos em 1940, ser judia, uma parte de mim nos campos de concentração, a outra nas "colônias".)

Assim, todas as minhas vidas dividem-se em duas vidas principais: a vida de cima e a vida de baixo. Embaixo, arranho, estou dilacerada, soluço. Em cima, gozo. Embaixo, carnificina, os membros, esquartejamentos, corpos quebrados, ruídos, máquinas, arado. Em cima, rosto, boca, aura; ondas de silêncios do coração.

Infantasmas:

("Ela desperta apenas em contato com o amor, antes ela só é sonho. Nessa existência de sonho, distinguimos dois estágios: primeiro o amor sonha com ela, depois ela sonha com o amor.")

Sua boca:

Quando eu tinha três anos, Deus era um rapaz elegante e maternal, cuja cabeça, coberta talvez por um chapéu de cerimônia, alcançava as nuvens, e cujas pernas finas ficavam metidas numa calça com dobra impecável. Não um atleta, mas sim um homem refinado, de torso vago e musculatura espiritual.

Eu vivia no bolso esquerdo de seu paletó. Apesar da minha pouca idade, eu era sua Mulher de Bolso. Sendo assim, eu não parecia muito comigo; aliás, era toda meu contrário, esbelta, feérica, pequena, ruiva, de vestido verde. Se soubesse o que era sedução, teria me achado sedutora lá nas alturas. Quando morava no bolso divino, eu era minha outra. A partir dessa posição, comecei a olhar o universo. Estava bem. Ninguém poderia nos alcançar. O mais perto possível do coração de Deus, de seu centro e de seus pulmões. Seu traje cinza-claro. Jamais vi suas mãos. Sabia que tinha uma bela boca. Os lábios de sua Palavra: seus favos de carne de contornos tão claramente desenhados. Sua boca se separava do rosto, brilhava, se distinguia. Não se perdia, se impunha. Tua boca é um pedaço de romã (eu corrigia a Bíblia).[11]

---

11 *Sa bouche* e *Ta bouche* são as duas formas usadas por Hélène Cixous. Optamos por seguir a variação entre "Sua Boca" e "Tua boca". (N.T.)

Rosto: eu o vivia, o recebia. Figura primitiva de um cosmos cujo astro dominante, o Sol, era a boca. Eu não pensava nos olhos. Não me lembro de alguma vez ter visto ou imaginado os olhos de Deus. Deus não fuzilava: ele sorria. Ele se abria.

E eu entrava e saía do bolso do lado do peito. O corpo de Deus era superior. Camundongo! Eu entro: sorria.

Mais tarde, tentei seduzi-lo com olhos e bocas. As pálpebras tinham os riscos dos lábios adorados. Às vezes, as pálpebras batiam e os olhos levantavam um voo súbito.

Mas a boca de Deus avançava um pouco, os lábios se separavam, e me perdia na contemplação dos dentes. Em cima, eu vivia na luz úmida dos dentes. Sua boca, meu buraco, meu templo, como camundongo sorrio, entro e saio entre os dentes do bom gato divino.

Na minha vida debaixo, tumulto e raiva. Meu "eu" era uma fogueira de paixões, temor e tremor, fúria e vingança. Sem forma precisa. Do meu corpo, eu só conhecia o jogo das forças, não o jogo, o fogo. Lá embaixo era a guerra. Eu também o era. Guerra e gozo. Gozo e desespero. Potência e impotência. Olhava, velava, espiava, não fecha os olhos, via o trabalho incessante da morte. Eu: o cordeiro. Eu: o lobo.

Bati em crianças. Eram os filhinhos do Inimigo. Crianças francesas bem-nascidas. Bem formadas, bem-vestidas, bem polidas, bem apagadas, bem lavadas, alimentadas, esfregadas. Pequenas drágeas rosas e azuis cheias de fel e merda por dentro. Pequenas marionetes com pequenos olhos imóveis esculpidos em ódio, estupidez, ferocidade. Eu não ousava furar seus olhos. Nem os pendurar. Muito evidente. Eu tinha medo. Cometi meus assassinatos às escondidas. Um dia matei uma avezinha inofensiva no Jardim dos Oficiais. Sua inocência era imperdoável. Ela tinha três ou quatro anos; eu, cinco ou seis. Ela andava pulando e bicando nos caminhos ladeados de flores. Em seus olhos, reflexos de flores, de doces, de mamãe, de missal. Sem ódio. Nem traço de um mendigo, nem sombra de um escravo, de um árabe, de uma desgraça. Ida-e-volta entre as flores, os braços, as doçuras. Ela ousava ser inalterada. Fui pega na armadilha. Eu a arrastaria para um canto, lhe daria o golpe da Branca de Neve. Minha arma: um caroço de pera em torno do qual enrolei alguns fios de carne. Começo assim: "É um doce. Você tem que engolir tudo de uma vez." Pura, ela me obedeceria e engoliria, o caroço não passaria, ela engasgaria. Ela era branca, eu era negra.

Matei. Supliciei. Bati, roubei, enganei. Em sonho. Às vezes, na realidade. Culpada? Sim. Não culpada? Sim. Colonizada, eu descolonizei. Mordido, comido, vomitado. Punido, punido. Castigada. Meus cachos cortados, meus olhos furados.

Adorei a Deus minha mãe. Me ame! Não me abandone! Quem me abandona é minha mãe. Meu pai morre: então pai você é minha mãe. Minha mãe fica. Em mim, para sempre, a mãe lutadora, a inimiga da morte. Meu pai tomba.[12] Em mim, para sempre, o pai teme, a mãe resiste.

Em cima, vivo na escrita. Leio para viver. Li muito cedo: eu não comia, eu lia. Sempre "soube", sem saber, que eu me nutria de texto. Sem saber. Ou sem metáfora. Havia pouco lugar para a metáfora na minha existência, um espaço muito restrito, que eu anulava frequentemente. Tenho duas fomes: uma boa e uma má. Ou a mesma, sentida diferentemente. Ter fome de livros era a minha alegria e o meu suplício. Livro eu quase não tinha. Sem dinheiro, sem livro. Roo, em um ano, a biblioteca municipal. Eu mordiscava e, ao mesmo tempo, devorava. Como com os biscoitos de Chanucá: pequeno tesouro anual de dez biscoitos de canela e gengibre. Como conservá-los consumindo-os? Suplício: desejo e cálculo. Economia do tormento. Pela boca, aprendi a crueldade de cada decisão; numa mordida, o irreversível. Guardar e não gozar. Gozar e não mais gozar. A escrita é meu pai, minha mãe, minha ama de leite ameaçada.

---

12 Optamos pelo verbo "tombar", menos usual que "cair", para evocar o título de um dos livros em que mais tarde Hélène Cixous retornará à morte do pai: *Tombe*, de 1973. (N.T.)

Cresci com leite de palavras. As línguas me alimentaram. Eu detestava comer o que cabia num prato. Cenouras salgadas, sopas ruins, garfos e colheres agressivos.

– Abre a boca. – Não. Não me deixei alimentar senão pela voz, pelas palavras. Um acordo foi feito: só engoliria se me dessem o que ouvir. Sede de meus ouvidos. Chantagem deliciosa. Comendo, incorporando, enquanto eu me deixava empanturrar, minha cabeça se encantava, meus pensamentos se evadiam, meu corpo aqui, meu espírito lá, em viagens incessantes. Se provei, foi a massa do falar. Recordo-me, na mesma estação, da última mamadeira e do primeiro livro. Eu só troquei um pelo outro.

Há uma língua que falo ou que me fala em todas as línguas. Uma língua ao mesmo tempo singular e universal, que ressoa em cada língua nacional quando é um poeta que a fala. Em cada língua escorre leite e mel. E eu a conheço, não preciso entrar, ela jorra de mim, escorre, é o leite do amor e o mel do meu inconsciente. A língua em que as mulheres se falam quando ninguém escuta para corrigi-las.

Talvez eu só tenha podido escrever porque essa língua escapou ao destino reservado às chapeuzinhos vermelhos. Quando você não cala a boca, sempre há uma gramática para censurá-la.

Tive a sorte de ser a filha da voz. Bênção: minha escrita surge, ao menos, de duas línguas. Em minha língua estão duas línguas "estrangeiras" que são minhas fontes, minhas emoções. Estrangeiras: música em mim de outro lugar; advertência preciosa: não esqueça que tudo não está aqui, regozije-se de não ser senão uma parcela, um grão de acaso, não há centro do mundo; levante, olhe o inumerável, escute o intraduzível; lembre-se de que tudo está aqui; tudo (o que) está além de tudo. Línguas passam na minha língua, se entendem, se chamam, se tocam, se alteram com ternura, com temor, com voluptuosidade; na efervescência das diferenças, misturam seus pronomes pessoais. Impedem "minha língua" de achar que é minha, inquietam-na e encantam-na. No seio de minha língua, necessidade de jogos e de migrações de palavras, de letras, de sons; meus textos não dirão nunca o bastante o bem-feito: a excitação não permite que se erija uma lei; a abertura que deixa o infinito se derramar.

Na língua que falo, vibra a língua materna, língua de minha mãe, menos língua que música, menos sintaxe que canto de palavras, belo *Hochdeutsch*[13], calor rouco do norte no fresco falar do sul. O alemão materno é o corpo que nada na corrente, entre minhas bordas de língua, o amante materno, a língua selvagem que dá forma às mais antigas e às mais jovens paixões, que anoitece leitosamente o dia do francês.

---

13 *Hochdeutsch*, ou "alto alemão", é uma forma padrão de língua alemã usada como base para a linguagem escrita e formal. É a variante falada em áreas do sul e central da Alemanha, bem como em partes da Áustria e da Suíça. (N.E.)

Não se escreve: me atravessa, faz amor ao amar, falar, rir até sentir seu ar me acariciar a garganta.

Minha mãe alemã na boca, na laringe, me ritma.

Pavor do dia tardio em que descobri que o alemão se escreve. Fazer do alemão "segunda língua", como se diz. Tentar fazer da língua primitiva, da carne do sopro, uma língua-objeto. Minha *lalemã*![14] Meu alimento. De repente, embainhá-la, espartilhá-la, amarrá-la, ortografá-la! Fugi, cuspi, vomitei. Precipitei-me sobre a *língualeite*,[15] pelo ângulo de outras línguas, para não ver como as letras escoltam, laminam, extorquem, escorrem, reapropriam-se do sangue-sentido das línguas entre suas patas, suas garras e seus dentes. A mãe de que falo nunca esteve submetida à gramática-lobo. Em mim, ela se faz canto e musa, tenho a tonalidade certa, mas a voz iletrada. É ela quem torna a língua francesa sempre estrangeira para mim. A ela, minha indomada, devo por nunca ter tido uma relação de domínio ou de propriedade com nenhuma outra língua; de sempre ter estado em falta, em fraude; de sempre ter querido me aproximar delicadamente de qualquer língua, nunca a minha, para

---

14 *Lalemande*, no original. Seguimos os rastros dos leitores de Jacques Lacan que pensaram sua *lalangue* e traduziram em português do Brasil pelo neologismo "lalíngua", que remete à lalação, aos sons da língua materna. (N.T.)

15 *Languelait*, no original. Pode-se escutar também *l'anglais*, o inglês, marcando sempre o deslizamento da escrita de Hélène Cixous entre sons e entre línguas. (N.T.)

lambê-la, cheirá-la, adorar suas diferenças, respeitar seus dons, seus talentos, seus movimentos. Sobretudo, mantê-la no outro lugar que a guarda, deixando intacta sua estrangeiridade, não trazê-la para cá, não entregá-la à violência cega da tradução. Se você não possui uma língua, pode ser possuída por ela: faça com que a língua a mantenha estrangeira. Ame-a como ama sua próxima.

Como a diferença sexual não seria perturbada se, em minha língua, é meu pai quem está grávido de minha mãe?

Em francês, aponte para você: a porta, a estrada, a vontade de avançar, de sempre ultrapassar a língua de um texto; de romper e de dar a partida; de fazer frente à cultura, ao sentido, ao adquirido; de não ser falada; de brincar; de emparelhar; de deixar falar os reprimidos. Em meu ventre, pulmões, garganta, as vozes das mulheres estrangeiras me fazem gozar, e é a água de uma outra mãe que me vem à boca.

Bati em meus livros: os acariciei. Página por página, ó bem-amado, lambido, lacerado. Arranhões impressos em todo o corpo. Que dor você me causa! Eu a leio, adoro, venero, escuto sua palavra, ó sarça ardente, mas você se consome! Você vai se extinguir! Fique! Não me abandone. Benção do livro: quando incorporei os biscoitos da sorte, vi-me enganada, vazia, condenada. Um ano de espera! (Contudo, aprendi que um ano é muito tempo, e não é nada. Muito cedo aprendi todas as sutilezas do tempo, sua elasticidade na rigidez, sua maldade na compaixão, sua capacidade de retornar.)

Com a ajuda da memória e do esquecimento, eu poderia reler o livro. Recomeçá-lo. De um outro ponto de vista, de um outro, de um outro. Lendo, descobri que a escrita é o infinito. O indestrutível. O eterno.

A escrita ou Deus. Deus, a escrita. A escrita, Deus. Não tive senão que romper e temperar meus apetites.

Lembro-me, com doze-treze anos de idade, que li a seguinte frase: "A carne é triste, sim, e eu li todos os livros."[16] Fui tomada por um espanto misturado de desprezo e desgosto. Como se uma tumba tivesse falado. Que mentira! e, além disso, que verdade: pois a carne é livro. Uma carne "lida", concluída? Um livro – carcaça? Fedor e falsidade. A carne é a escrita, e a escrita nunca é lida: ela está sempre ainda por ler, por estudar, por procurar, por inventar.

Ler: escrever as duas mil páginas de cada página, trazê-las à luz, cresça e multiplique, e a página se multiplicará. Para isso, *ler*: fazer amor com o texto. É o mesmo exercício espiritual.

E contra a morte, ser as carícias, as mais humildes e as mais orgulhosas, ser a fidelidade de um pássaro por outro pássaro, ser a galinha e os pintinhos, o sorriso de minha mãe como o sol salvando a terra, ser a força do amor, sobretudo isso: a força boa, aquela que não aceita que a façamos sofrer, ah! Sou o exército do amor

---

16 Recorremos à tradução de Augusto de Campos para esse verso de Mallarmé, em "Brisa marinha" (in S. Mallarmé, *Mallarmé*). (N.T.)

– seria preciso, sim, para amar, ser, antes, a luta – foi meu primeiro saber: que a vida é frágil e a morte detém o poder. A vida, por mais ocupada que esteja em amar, proteger, olhar, acariciar, cantar, está ameaçada pelo ódio e pela morte, e é preciso que ela se defenda. E aprendi minha primeira lição de dor nesta contradição, que o real, que não é senão divisão e contradição, impõe sua lei: é preciso que o amor, que não quer senão conhecer a vida e a paz, que se nutre de leite e de riso, coloque em face da guerra a guerra, e olhe a morte face a face. Fui todos os casais entre os quais se lançaram os abismos, ou, antes, fui esta carne em dois corpos cujo ciúme do mundo procura desmembrar, contra a qual persiste a aliança suja de reis, leis, eu-agressivo, famílias, cúmplices, cães de caça em revezamento, representantes do Império do Próprio, do Pior no Pior da Propriedade, porta-voz do "você é (o que é) Meu",[17] não Adão e Eva, que não perdem senão o paraíso dos cegos, que não são perseguidos senão do ponto de vista divino, que enfim nascem, saem, se tornam: fui o casal caçado, esquartejado, condenado em sua carne porque encontrou o segredo do gozo, porque em seu corpo *Eros* casa masculino e feminino, porque Julieta é amada por Romeu mais do que a lei e os pais, porque em Tristão entrou Isolda, e com ela sua alegria, sua feminilidade; em Isolda, Tristão resiste à castração.

---

17 Em francês, entre aspas: *"tu es (ce qui est) à Moi"*. (N.T.)

Eu era a inimiga da morte, mas o que é "ser" alguma?[18]

Eu era esse conjunto movimentado, atormentado pela necessidade de agir, mas para onde, como avançar, sobre o que, virado, empurrado, projetado em contrários, dividido, precipitado: antes e adiante[19] – mas qual deles? E se não tivesse antes e nem adiante? Se nenhum Adiante, na ambiguidade, o que tinha acontecido antes?

A partir desse espaço atravessado de animosidades, como poderia ter dito "eu sou"?

Meus tumultos estavam no máximo reunidos sob um nome, e não importa qual nome! Cixous, um nome tumultuado, indócil. É isto um "nome"? Essa palavra bizarra, bárbara, e muito mal suportada pela língua francesa, era isso "meu" "nome".[20] Um nome impossível. Imprestável. Um nome que ninguém saberia escrever era eu. Ainda sou eu. Um nome ruim, eu pensava, quando o virarem contra mim, para me despelar, despelando-o, uma

---

18 Em francês, q*uelqu'une*, feminização de *quelqu'un*, "alguém". Tentamos deixar ressoar a estranheza em "alguma". (N.T.)

19 Em francês, *avant*, guarda, de fato, a ambiguidade de "antes" e "adiante", optamos pelas duas palavras em português do Brasil, que guardam a aliteração e a proximidade sonora. (N.T.)

20 Em francês, há uma proximidade sonora imensa entre *mon* e *nom*, além, claro, de serem palíndromos. E, mais fundo, nessa arqueologia sonora, ao traduzir, não deixamos de escutar também o título de Primo Levi *É isto um homem? (Si c'est un homme)* (2022). (N.T.)

dessas palavras estrangeiras, inválidas, inclassificáveis. Eu não era ninguém. Mas eu poderia, em efeito, ser "Cixous", e as mil deformidades que a engenhosidade, a malícia odienta, consciente ou inconsciente, puderam encontrar incansavelmente. Graças a esse nome, soube muito cedo, havia uma ligação carnal entre o nome e o corpo. E que o poder é temeroso porque ele se manifesta no mais secreto da vida humana através da letra.

Eu poderia ser machucada ao pé da letra, da minha letra. E sobre a pele dos possessos imprimimos uma letra. Sendo assim, não sou ninguém, mas um corpo sulcado de raios e de letras.

Eu poderia ter me chamado Hélène, teria sido bela, e única, e só. Mas fui Cixous. Como um camundongo raivoso. Eu estava tão longe de Hélène, nome que, inclusive, me foi inocentemente transmitido a partir de uma bisavó alemã. Com Cixous, os patos (não tenho dúvida de que alguns deles se reconheçam) fazem dinheiro.[21] Com um nome assim, como não estar em relação com a letra? Como não ter um ouvido à flor de pele? Como não ter compreendido que um corpo é sempre matéria para inscrição? E que a carne escreve e é sempre dada a ler; e a escrever.

Mas eu era ninguém. E ninguém não escreve, eu me dizia.

---

21 *Cixous* guarda homofonia com *six sous*, "seis centavos", metaforicamente, de pouco valor, barato. E, também, com *font des sous*, "ganhar dinheiro", "fazer dinheiro". (N.T.)

Se, primeiro, teve um tempo em que as intermitências do Sopro me atormentavam menos, em minha primeira infância, eu não me sentia ainda culpada de ser ninguém, e não tinha necessidade de ser qualquer um. Eu era esse "das Kind" que temos a sabedoria de deixar errar em francês. Pois essa língua distribui, muito rapidamente, os recém-nascidos de um lado ou de outro do gênero. E eis-nos debruçados sobre o berço. E perguntando: é uma menina?Sobretudo, sem erro! Rosa ou azul? Rápido, os signos. Vocês colocaram direitinho seu sexo esta manhã? Em outras línguas, podemos divagar, e a criança está no neutro, à espera de decisão sexual. O que não quer dizer que o recalque da feminilidade será menor lá onde falamos alemão ou inglês. Ele é outro, intervém em outros termos. Mas nessas línguas resta alguma coisa de indeciso, um espaço para uma hesitação da subjetividade. Isso não é sem relação, creio, com o fato de que nessas línguas tenha podido se desenrolar a agitação romântica, seu modo de inquietar o mundo do Ser com seus fantasmas, seus duplos, seus judeus errantes, suas gentes sem sombra, suas sombras sem ninguém, e a espécie infinita desses híbridos e outros não-mesmos, um pouco--mesmos, um pouco diferentes. É preciso que tenha *Es* para fazer circular a diferença, o não-próprio. Tanto que *Es*, quando eu era ainda "das Mädchen", eu devo ter escrito sem espanto. Mas não se tratava da Escrita, já que eram as crises do Sopro.

Quem? Eu: Sem-direito.

Menstruei – tão tarde quanto possível. Bem que eu queria ter me tomado por "mulher".

Eu era uma mulher? É toda a História das mulheres que questiono ao reanimar essa questão. Uma História feita de milhares de histórias singulares, mas atravessadas pelas mesmas questões, pelas mesmas incertezas, pelos mesmos temores. As mesmas esperanças em que, até muito recentemente, só se encontravam consentimento, resignação ou desespero. Me tomar por uma mulher? Como? Qual? Eu teria detestado me "tomar por" uma mulher se não tivessem me tomado por uma mulher.

Te pegam pelo seio, te depenam o traseiro, te jogam na panela de pressão, te temperam com o esperma, te prendem pelo bico, te metem em uma fogueira, te engordam a óleo conjugal, te fecham na tua gaiola. E, agora, ovo chocado.

Como tornam difícil o devir mulher, quando é devir galinha que isso significa!

Quantas mortes para atravessar, quantos desertos, quantas regiões em chamas e regiões geladas para chegar um dia a me dar o bom nascimento! E você, quantas vezes morreu antes de ter podido pensar "Eu sou uma mulher", sem que essa frase signifique "Logo, eu sirvo"?

Eu morri três ou quatro vezes. E quantos caixões tomaram o lugar de seu corpo, por quantos anos de sua existência? Em quanta carne congelada sua alma se encolheu? Você tem trinta anos? Você nasceu?

Nascemos tarde, às vezes. E o que poderia ser nosso infortúnio é nossa sorte. A mulher é enigmática. Os mestres nos ensinam isso. Ela é mesmo, eles dizem, o enigma em pessoa.

O enigma? Como sê-lo? Quem tem o segredo? Ela. Ela quem? Eu não era Ela. Nem uma Ela, nem nenhuma.

Meu julgamento começou.

– Você sabe fazer o que as mulheres sabem? O que elas sabem, então?

– Tricotar – Não – Costurar – Não – Fazer doce – Não – Fazer filhos – Mas eu... – Eu sei fazer filho. Um filho faz filhos? Ordenar, decorar, antecipar desejos? Não – Bancar a mulher? Não sei. O que ela sabe que eu não sei? Mas a quem fazer essa pergunta?

Minha mãe não era uma "mulher". Ela era minha mãe, era o sorriso, a voz da minha língua materna, que não era o francês; ela parecia um rapaz para mim; ou uma menina; além disso, era estrangeira; era minha filha; como mulher, faltavam-lhe astúcia, maldade, espírito do dinheiro, a ferocidade calculada do mundo dos homens; como mulher, desarmada. Ela me fazia querer ser um homem, um justo como na Bíblia – para lutar contra os maus, os machos, os desonestos, os mercadores, os exploradores. Eu fui seu cavaleiro. Mas eu era triste. Ser um homem, mesmo um justo, pesava muito em mim. E eu não poderia ser uma mulher "feminina". Existem guerras justas. Mas a armadura é pesada!

Escrever? Mas se eu escrevesse "EU", quem seria eu? Eu poderia me fazer passar por "Eu" no cotidiano sem problema, mas escrever sem *saber* quem-*eu*, como eu teria feito isso? Eu não teria direito a isso. A escrita não seria o lugar do Verdadeiro? O Verdadeiro não é claro, distinto e uno? E eu turva, várias, simultânea, impura. Desista!

Então, você não é o demônio do múltiplo? Todas essas pessoas que me surpreendo ser no lugar de eu mesma – meus inomináveis, meus monstros, meus híbridos –, eu as exortava ao silêncio.

Você não sossega, de onde você escreve? Eu me espantava com essa pergunta. Minhas infelizes habilidades de identificação, eu as via se exercerem na ficção. "Na casa" Livro me tornava alguém, meus semelhantes na poesia; isso existia, fazia alianças com meus próximos de papel; tinha irmãos, pares, substitutos, eu mesma era seu irmão ou sua irmã fraterna, à vontade. E, na realidade, eu não era capaz de ser uma pessoa? Só uma, mas era eu!

Pior ainda, estava ameaçada pela metamorfose. Eu podia mudar de cor, eventos me alteravam, eu crescia, mas, mais frequentemente, encolhia, e, mesmo "crescendo", tinha a sensação de encolher.

No entanto, eu acreditava no princípio da identidade, da não contradição, da unidade. Durante anos, eu aspirava a essa homogeneidade divina. Lá estava com minha grande tesoura[22], e assim que eu via que eu ultrapassava, *clac*, corto, ajusto, reduzo tudo a uma personagem chamada "uma mulher de bem".

Escrever? – Sim, mas não se deve escrever do ponto de vista de Deus? – Infelizmente! – Então, desista!

Eu desistia. Isso passava. Ficava esquecido. Meus esforços eram recompensados. Minha doméstica santidade brilhava. Eu me reunia. Me deixava sugar. Estava a ponto de vir a ser una e mesma.

Mas, como soube em seguida, o recalcado retorna. Seria por acaso que meu Sopro retornava àqueles momentos específicos da minha história, em que experimentara a morte e o nascimento? Não sonhava com isso de jeito nenhum até então. Se é por acaso, o acaso sabe o que faz. Já que há o inconsciente.

Dou à luz. Eu amo dar à luz. Eu amava os partos – minha mãe era parteira –, sempre tive prazer em ver uma mulher dar à luz. Dar "bem" à luz. Levar a cabo seu ato, sua paixão, se deixar levar, empurrando como se pensa, meio-empurrada, meio-comandando a contração, ela se confunde com o incontrolável que ela torna seu. Que bela potência! Parir como se nada, jogando com a resistência da carne, do mar, trabalho de sopro em que se anula a noção de "mestria", corpo a corpo com seu próprio corpo, a mulher se segue,

---

22 No original, *ciseaux*, em que ressoa "Cixous". Os leitores de Cixous teriam o que pensar no que concerne às homologias e diferenças decisivas entre o corte de *ciseaux* e os golpes de *hache* (ver nota 7). (N.T.)

se junta, se desposa. Ela está *lá*. Toda ali, inteira. Mobilizada, e é de seu corpo que se trata, da carne de sua carne. Enfim![23] Dessa vez, entre todas as outras, ela é de si mesma, e se ela se quiser assim, não estará ausente, não estará em fuga, poderá se tomar e se dar a si-mesma. Foi olhando-as *parir* que aprendi a amar as mulheres, a pressentir e desejar a potência e as fontes da feminilidade; a me surpreender que uma tal imensidão possa ser absorvida, encoberta no ordinário. Não era a "mãe" que eu via. A criança concerne a ela. Não a mim. Era a mulher no cume da carne, seu gozo, a força enfim libertada, manifestada. Seu segredo. Se tu te visses, como não te amarias? Ela dá à luz. Com a força de uma leoa. De uma planta. De uma cosmogonia. De uma mulher. Ela toma sua fonte. Ela tira. Rindo. E sobre os rastros da criança, uma rajada de Sopro! Uma avidez de texto! Confusão! Pelo que ela é tomada? Uma criança! De papel! Embriaguez! Eu transbordo! Meus seios transbordam! Leite! Tinta! Hora de mamar. E eu? Eu também tenho fome. O gosto de leite de tinta.

Escrever: como se ainda tivesse vontade de gozar, de me sentir plena, de empurrar, de sentir a força de meus músculos, e minha harmonia de estar grávida e, ao mesmo tempo, de me dar as alegrias do

---

23 Em francês, pode-se escutar, em *enfin*, também *enfant*, "infante". Em outros livros, Cixous trabalha diretamente tal ressonância. (N.T.)

parto, as da mãe e as da criança. A mim também me dar nascimento e leite, me dar o peito. A vida chama a vida. O gozo quer se relançar. Não para! Eu não escrevi. Por que fazê-lo? O leite me subiu à cabeça...

Outro dia, fiz uma criança. Essa criança não é uma criança. Era talvez uma planta, ou um animal. Eu cambaleio. Assim tudo se passou como se o que eu tivesse sempre imaginado se reproduzisse na realidade. Produzisse a realidade. A certa ocasião, eu descobri que não sabia onde começa o humano, qual a diferença entre o humano e o não-humano? Entre a vida e a não-vida.

O "limite", será que isso existe? As palavras foram perfuradas, seu sentido fugia. Um sopro se abisma. A criança morre. Ela não morre. Impossível fazer um luto. Um desejo de escrever está em toda parte. É o momento, digo a mim mesma, severa. Eu me coloco diante do juiz: "você quer fazer um texto quando você não é capaz de fazer um filho direito? Primeiro refaça seu exame."

– Como mãe, podia ter sido melhor, você reconhece?

– Sim.

– Quem é você? Sei cada vez menos. Desisto.

Na verdade, não tenho nenhuma "razão" para escrever. Tudo vem deste vento da loucura.

E sem remédio, exceto a violência e a coerção. Impossível prevenir. O sopro, que azar!

Você vai se calar? Me calam. Vamos amordaçá-

-la. Silenciá-la. Vamos entupir os ouvidos dela. Eu mesma a fecho. Me examinam. Alguma coisa não vai bem neste organismo. Isso bate muito rápido, isso escorre com muita força. Este coração não é regular. Estou doente, me punam.

– Então – me diz o doutor – quer escrever?

– Um pouco de dor de garganta – digo –, angina do espanto.

Ele me detalha da cabeça aos pés, me corta em pedacinhos, acha minhas coxas muito longas e meus seios muito pequenos.

– Abra a boca, mostre isso.

Abro a boca, digo *Ahhh*, mostro a língua. Eu tenho três. Três línguas? Me desculpe. E, ainda, ele não sabe que tenho uma ou duas que não estão penduradas ali, ou talvez uma só, mas mutante e multiplicadora, uma língua de sangue, uma língua da noite, uma língua que atravessa minhas regiões em todos os sentidos, inflama suas energias, as conduz e faz falar meus horizontes secretos. Não diga a ele, não diga a ele. Ele cortará suas línguas, arrancará seus dentes! "Abra os olhos, guarde a língua." Obedeço. O Mestre me diz "vá ao mercado da cidade, descreva-o. Se você o reproduzir bem, você receberá uma licença para escrever." Eu não recebi nenhuma licença.

Todos os anos um Supertio me diz: "Antes de passar para a tinta, diga-me: você sabe falar como um operário?"

– Não.

"Você sabe quem sou eu?" – "Ah sim, eu digo, um Supertio capitalista-realista. O Mestre da repetição. O Anti-Outro em *paininguém*."[24]

Mesma cena cem vezes: todo ano ele reencena. Acreditamos que você está aqui: E você está lá. Um dia nos dizemos: desta vez ela foi pega, é ela mesma. Essa mulher está no bolso. E não paramos de expulsar pela porta da frente o diabo que volta pela porta dos fundos. Mas, enfim, quem é você? Se você não é jamais a mesma, como você quer ser reconhecida? Aliás, qual é o seu nome principal? O público quer saber o que compra. O desconhecido não se vende. Nossos clientes exigem simplicidade. Você está sempre cheia de duplos, não podemos contar com você, há outro em você mesmo. Prepare para nós algum Cixous homogêneo. Favor, reiterar-se. Sem imprevisto. Alteração, de jeito nenhum. Pare! Descanse. Repetição!

"O futuro, ninguém o quer. Dê-nos o passado classificado, envelheça. Sobretudo não nos desvie. Há cinco mil anos que nós vivemos com vocês. As mulheres, nós sabemos o que são. E eu, eu tenho uma há trinta anos."

---

24   Em francês, *L'Anti-Autre, en pèrepersonne*.

Confissão:

Eu tenho uma animacho. É uma espécie de *eucamurça*. Um senhor eupássaro, ou uma senhorita eupássara.[25] Ela, minha rola, me habita, faz seu ninho, faz com a minha vergonha o seu ninho. Ela é louca, nervosa. Lamento dizer. Eu tenho o maior prazer. Não diga isso. É uma besteira. – Às vezes, é um anão, é um polegar muito esperto: num passo, sete léguas com pés descalços – é ele. A animacho é mal-educada, caprichosa e desajeitada. Ela vem quando eu a chamo. Quando não a chamo, ela vem também. Ela me coloca em apuros. O Supertio me vigia. Ele chega a passo de lobo quando eu a alimento. Dar prazer a ela me deleita, eu não escuto o lobo ranger. O Supertio uiva, eu pulo, meu animacho se afasta. O velho lobo quer nos separar. Para o nosso bem, quanto para o bem do idiota? Ele se inclina sobre o berço e nos roga uma maldição: "Se você a criar, você se tornará cada vez mais besta. No fim você ficará louca. Os homens não te desejarão. Você não se tornará uma mulher."

Que pena, eu tenho muito medo.

Cacem-na! Ela retorna. Ela se infiltra entre minhas coxas.

Seu sopro é irresistível. Mulher ou louca?

---

25 Em francês, *"J'ai une animâle. C'est une espèce de chamoi, um moiseau ou une moiselle."* Em português, perde-se a ressonância de *moiseau* com *monsieur*, e de *moiselle* com *mademoiselle* – "senhor" e "senhorita". (N.T.)

Com uma mão, ela mantém sua animacho apertada entre suas coxas, ela a acaricia vivamente (na medida em que é "louca"). Já com a outra mão, ela se esforça para matá-la (na medida em que é "mulher" de homem). Felizmente, a má sorte quer que, batendo nela, ela lhe devolva a alegria. E eu, meu mestre, o que me tornarei? Mais e mais louca. Ah! eu não saberei jamais. O eucamurça me leva embora, eu estou perdida, feliz, eu a toco, o que eu sou?

Não se toque. Fuja. Ele te cortará a mão! Ele vai te congelar a medula. Ele vai colocar luvas em você.

Réquienésima conferência sobre a Infiminilidade:

Senhores-senhores, Senhoras-senhores,

Preparando-me para incomodá-los, não cesso de lutar contra suas dificuldades interiores e já me sinto no caminho errado.

Meus escritos não têm realmente nenhuma razão de ser, loucura, loucura! De fato, não sei de nada: só escrevo o que eu não sei. Para vocês, escrevo de olhos fechados. Mas sei ler de olhos fechados. A vocês que têm olhos para não ler, não tenho nada a revelar. A mulher é uma das coisas que vocês não têm condições de compreender.

Fiz de tudo para sufocá-la. Tudo o que eu digo é mais que verdadeiro. Para que serve se desexculpar?[26] Não podemos varrer a feminilidade. A feminilidade é inevitável. Peço a vocês que peguem de volta sua parte. Peguem suas partes vergonhosas. Que Suas partes orgulhosas retornem para vocês.

O pleno-demais da feminilidade os ultrapassa porque vocês são homens. Mas estão certos de que vocês são humanos?

Para justificar meu erro, invoquei todos os motivos pelos quais não tenho o direito de escrever de acordo com a Razão de vocês: – sem lugar de onde escrever. Sem pátria sem história legítima. Nem certeza, nem propriedade.

– Sem língua séria declarada. Em alemão eu choro, em inglês eu brinco, em francês *vooroubo*. Sem homicílio[27] fixo.

– Sem lei. Sem gramática. Recomenda-se ortografia uma vez por mês. Sem saber. Sobretudo, nenhum saber. Diploma de escrita: nenhum. Filiação: nenhuma. Modelo: nada a declarar. O infinito.

---

26 Em francês, *"A quoi sert de sexcuser?"*, aglutinando "sexo" e "desculpar". (N.T.)

27 Em francês, *"Pas d'hommicile fixe."*, aglutinando "homem" e "domicílio". (N.T.)

Apesar de tudo ela escreve!

Primeiro ela morre. Depois ela ama.

Estou morta. Há um abismo. Há o salto. *Façamos*. Depois, uma gestação de si – em si, atroz. Quando a carne se esculpe, se contorce, se rasga, se decompõe, se releva, se percebe como recém-nascida, há tanto sofrimento que nenhum texto é tão doce e potente para acompanhar com um canto. É por isso que, quando ela morre, e, em seguida, nasce, há silêncio.

Não tenho nada a dizer sobre a minha morte. Até aqui, ela foi grande demais para mim. De uma certa maneira, todos os meus textos "nascem" disso. Fogem disso. Vêm disso. Minha escrita tem múltiplas fontes, muitos sopros a animam e a levam.

Sem ela – a minha morte – eu não teria escrito. Não teria rasgado o véu de minha garganta. Não teria empurrado o grito que rasga os ouvidos, que fende as paredes. O que se passa durante a morte não se pode dizer. Escrever é de certa maneira (não acho que me engane ao pensar que existem traços universais de nossa passagem para a morte) – primeiro a diferença de um suspiro final, de uma sentença apreendida pelo terror; e simultaneamente a fuga adiante se esboçando, o sobressalto de horror – pois na morte se conhece o maior, o mais repulsivo sofrimento – e o passo atrás, o indecidível, a nostalgia inconfessável disso que se terá conhecido no momento do casamento com a morte. O que se passou então é decisivo, é o absolutamente inesquecível, o que demora em uma memória que não é nossa memória cotidiana, em uma memória que não sabe, que não fala, que não é mais que carne arada, cosida, prova dolorosa, mas de quê...

Do tempo da morte, guardamos o maior medo e o maior bem: o desejo de manter-se sempre o mais próximo a Ela, a morte, nossa mãe mais potente, essa que nos dá o impulso mais violento do desejo, de passar, de saltar, pois não podemos *ficar perto* dela, ela aspira e dá aspiração; e esse desejo está fendido, sendo, ao mesmo tempo, desejo de aproximar-se até a morte e desejo de manter-se extremamente longe, o mais longe possível. Pois, é diante dela, contra ela, inteiramente contra ela, nossa mãe mais perigosa, mais generosa, essa que nos dá (enquanto não pensamos, quando não há clareza de pensamento em nós, mas somente o tumulto, os rumores do sangue, a desordem pré-cósmica, embrionária) a vontade fulminante de sair, de que os extremos se toquem, entrem e revertam-se um no outro, e o dia não vem depois da noite, mas luta com ela, estreita-a, fere-a, é ferido por ela, e o sangue negro e o sangue branco se misturam; e, do mesmo modo, a vida rasteja para fora das entranhas da morte que dilacerou, que odeia, que adora, e nunca esqueça que a morte não a esquece, que está sempre lá, que não a deixa, abre a janela, o seio terrível está lá, o leito da paz – e essa é sua maior força, ela entende que a morte nos ama como nós a amamos, e que, de uma maneira estranha, podemos, na verdade, contar com ela. Que é dela, da Morte, nossa dupla mãe, que nós nos afastamos e nos aproximamos, escrevendo, porque escrever é sempre, e antes de tudo, uma maneira de não fazer luto da morte.

E digo: é preciso ter sido amada pela morte para nascer e passar à escrita. Eis a condição por meio da qual começar a escrever torna-se necessário – (e) – possível: *perder tudo*, ter perdido tudo pelo menos uma vez. E essa não é uma "condição" concebível. Você não pode *querer* perder: se quiser, então existe o *você* e o *querer*, existe o não-perdido. Escrever – começa, sem você, sem eu, sem lei, sem saber, sem luz, sem esperança, sem ligação, sem ninguém perto *de* você, pois se a história mundial continua, você não está lá, você está "no" "inferno", e o inferno é lá onde não estou, mas onde o que me é, quando estou sem lugar, sente-se *remorrer* através dos tempos, onde o não-eu me leva cada vez mais para longe de mim, e onde o que resta de mim não é mais do que sofrimento sem mim-mesma, sofrimento nunca circunscrito, porque o eu, aberto, não cessa de sentir escorrer o sentido, a alma, as substâncias corporais e espirituais; o eu se esvazia, e, no entanto, de peso em peso, você se afunda, se abisma no abismo da não-relação.

Então, quando você perdeu tudo, está sem caminho, sem sentido, sem signo fixo, sem solo, sem pensamento que resiste a um outro pensamento, quando está perdida, fora de si, e que continua a se perder, quando se torna o movimento enlouquecedor de se perder, assim, é por aí, é daí, onde você é trama trincada, carne que deixa passar o estranho, ser sem defesa, sem resistência, sem barra, sem pele, todo engolido pelo outro, é neste tempo ofegante que as escritas lhe atravessam, que você é atravessada pelos cantos de uma pureza inaudita, pois eles não se endereçam a ninguém; eles jorram, brotam, para fora das gargantas de seus habitantes desconhecidos; esses são os gritos que a morte e a vida, em combate, lançam.

E o tecido em que suas dores esculpem esse corpo sem borda, esta terra sem fim, devastada, espaço destruído, seus estados arruinados, sem exército, sem mestria, sem muralhas – você não sabia que esses são os jardins do amor. Não os da demanda. Você não é uma ciumenta, não é cálculo e inveja só porque está perdida. Você não está na relação. Você é descolamento. Você não mendiga. Você não tem falta de nada. Você está além da falta: Mas erra depenada, indefinida, à mercê do Outro. E se o Amor passa, ele pode encontrar em você o ilimitado, o lugar sem fim que lhe é favorável e necessário. Se você está perdida, só assim o amor pode se encontrar em você sem se perder.

Ora, se você é uma mulher, está sempre mais próxima e mais distante da perda do que um homem. Mais capaz e menos capaz de perder. Mais atraída, mais repelida. Mais seduzida, mais interdita. Uma mesma pulsão obscura, dividida em seu sentido, sempre ao avesso de si mesma, te impele, te retendo, a perder.

Pois a uma "mulher", toda marcada pela herança sociocultural, foi inculcado o espírito de "contenção". Ela é *a* contida socialmente. (Ou, se você quiser, a recalcada, a controlada.) Ela se contém e é contida, presa, conjugada por mil ligações, cordões, correntes, laços, coleiras, rede de dependências escravizadoras, tranquilizantes. Ela é definida por suas pertenças, é *mulher de*, tal como foi filha de, de mão em mão, do leito ao nicho, do nicho à fogueira, a mulher enquanto complemento-do-nome, tem muito o que fazer para cortar. Ensinaram a ela a ter medo do abismo, do infinito, que é, no entanto, para ela, mais familiar que para o homem. Não vá para perto do abismo! Se ela descobrisse sua força! Se, de repente, gozasse de sua imensidão! Se saltasse e não tombasse como uma pedra, mas sim como um pássaro. Se ela se descobrisse nadadora do ilimitado!

Se solte! Solte tudo! Perca tudo! Tome ar! Decole! Pegue a carta! Escuta: não foi encontrado. Nada foi perdido. Tudo ainda está a ser buscado. Vai, *voeroube*, nade, salte, caia, atravesse, ame o desconhecido, ame o incerto, ame o que ainda não foi visto, ame o ninguém que você é, que você será, se abandone, se absolva de velhas mentiras, *ouse o que você não ousa*, é aí que você gozará; não faça jamais de seu aqui um lá; se regozije, se regozije do terror, vá onde você tem medo de ir, se lance, é por aí! Escute: você não deve nada ao passado, não deve nada à lei. *Ganhe* sua liberdade: entregue tudo, vomite tudo, dê tudo. Dê absolutamente tudo, me escute, *tudo*, dê os seus bens, está feito? Não guarde nada, o que você tem, dê; isso é você? Procure por você, procure o eu, agitado, numeroso, que você estará sempre mais longe, fora de si, saia, saia do velho corpo, escape da Lei. Deixe-a tombar de toda sua altura, e você, vai logo, não se volte: não vale a pena, não tem nada atrás de você, tudo está por vir.

Da morte, creio, só se pode sair por meio de uma gargalhada. Ri. Estou sentada no alto de uma escada de degraus cobertos de penas maculadas, vestígios de anjos desfeitos, muito longe, acima dos rios da Babilônia que correm entre as bordas da Terra que sempre se promete. Ri. Eu me dobrava de rir. Estava perfeitamente só. E não havia nada ao meu redor. Não estava presa a nada, eu não me prendia a nada, podia avançar sem pouso, não havia caminho; na mão esquerda, meus mortos; na mão direita, minhas vidas, como queiram. Se havia um deus, eu o era.

Não busquei: eu era a busca.

No começo, teria sido o morrer, o abismo, o primeiro riso.

Depois, você não sabe. É a vida que decide. Sua terrível força de invenção, que nos ultrapassa. Nossa vida nos antecipa. Sempre sobre você, um andar acima, um desejo, o bom abismo, aquele que te sugere: "Salte e passe ao infinito." Escreve! O quê? Pegue o vento, pegue a escrita, faça corpo com a letra. Viva! Arrisque: quem não arrisca nada, não tem nada, quem arrisca, não arrisca mais nada.

No começo, há um fim. Não tema: é sua morte que morre. Depois: todos os começos.

Quando você tocou o fim, só então o começo poderá vir até você.

Primeiro ri, gritei, uma dor me ditou as primeiras letras do inferno. Esculpiu novos ouvidos para o futuro e ouvi os gritos do mundo, as raivas e os apelos dos povos, os cantos dos corpos, a música dos suplícios e a música dos êxtases. Escuto.

Se o espaço ilimitado não me tivesse sido dado, eu não teria escrito o que ouço. Porque escrevo para, escrevo a partir de, escrevo depois de; do Amor. Escrevo de Amor. Escrever: amar, inseparáveis. Escrever é um gesto de amor. *O gesto*.

Cada um se nutre e se amplia pelo outro. Assim como um não existe sem o outro, Escrever e Amar são amantes e só se desdobram se beijando, se procurando, se escrevendo, se amando. Escrever: fazer amor com o Amor. Escrever amando, amar escrevendo. À Escrita, o Amor abre o corpo sem o qual a Escrita murcha. Ao amor, a letra torna-se carne amada lida, multiplicada em todos os corpos e textos que o amor carrega e espera do amor. Texto: não o desvio, mas a carne em trabalho de amor.

Sem operações de sublimação. Ela não se dá no texto de satisfações derivadas. Ela não transforma seus desejos em obras de arte, suas dores e sua solidão em produtos com preço. Sem reapropriação.

O amor não pode ser trocado por adaptação

social, seus sinais de vida não têm equivalentes comerciais. Objetos de sonho também não são objetos sublimes. E, como os textos, não deixam de ter efeito sobre a vida desperta, eles a transformam, sua vida é mais do que diurna: uma vida feita de muitas vidas, vidas da noite e vidas de poesia.

Assim se escuta e se busca o amor, literalmente, carnalmente. Se você escreve mulher, você sabe como eu: você escreve para dar corpo aos seus Livros do Futuro, porque o Amor te dita novas gêneses. Não para cobrir o abismo, mas para te amar até o fundo dos teus abismos. Para conhecer, não para evitar. Não para superar; para explorar, mergulhar, visitar. Lá onde você escreve, isso cresce, seu corpo se desdobra, sua pele conta suas lendas até então mudas.

O amor faz um gesto, dois anos atrás, um bater de pálpebras e o texto brota: há esse gesto, o texto surge. O texto surge e o corpo cresce de novo. Me leia – me lambe, me escreva o amor. Ela não coloca no abismo para saturar a abertura temida; seu abismo, ela o celebra, ela o quer aberto, ela deseja sua falta de fundamento, suas promessas: jamais você nos cobrirá, não sentirá jamais falta de uma boa vertigem, para a sua fome, nossos sexos sem fim, nossas diferenças.

O texto se escreve sempre sob a doce coação do amor. Meu único tormento, meu único medo, é o de não escrever tão alto quanto o Outro, meu único pesar é o de não escrever tão belo quanto o Amor. Sempre me vem o texto de acordo com a Fonte. Se a fonte estivesse barrada, eu não escreveria. E a fonte me é dada. Não sou eu. Não se pode ser sua própria fonte. Fonte: sempre lá. Sempre o brilho do ser que me dá o Lá. Que eu não cesse de buscar, que eu queira furiosamente com todas as minhas forças e com todos os meus sentidos. Fonte que dá o sentido e o impulso a todas as outras fontes, que ilumina a História para mim, dá vida a todas as cenas do real e me oferta meus nascimentos a cada dia.

Ela me abre a terra e eu me lanço. Ela me abre o corpo e a escrita se lança. A amada, aquela que está lá, aquela que está lá, sempre lá, aquela que não falta, que não falha, mas que cada frase pede um livro – e cada respiração inaugura no meu peito um canto, um lá que não desaparece e que, contudo, não "encontro", que não fecho, que não "compreendo", um sem-limites para o meu sem-limites, o ser que se dá – a buscar –, que desperta e relança o movimento que faz bater meu coração, que me faz levantar a tinta[28] e partir para buscar mais longe, eternidade questionadora, incansável, insaciável, resposta que coloca uma pergunta, sem-fim.

O amor me dá o espaço e o desejo do sem-fim. Dez mil vidas não cobrem uma única página. Que

---

28 Em francês, *lever l'encre*, que deixa ressoar *lever l'ancre*, "levantar âncora". A ressonância e a nota são para destacar o escrever como uma navegação sem fim. Mais tarde, Jacques Derrida dirá que Cixous escreve com o sonho, como com vento se navega. (N.T.)

infelicidade! Que felicidade! Minha pequenez, que sorte! Não conhecer o terminado! Estar em relação com o mais-que-eu! Me dá a força para querer todos os mistérios, amá-los, amar sua ameaça, sua inquietante estranheza. O Amor vem a mim. Seu rosto: seus milhares de novos rostos.

Seu olhar, o próprio Eterno, e, ainda assim, eu jamais o recebera. Sua voz, como ouvi-la, como com meus ouvidos humanos ouvir a voz que faz ressoar dez mil vozes. Estou impressionada. Estou tocada. Aqui. Aqui-lá. Meu corpo está afetado. Agitado. Sob os golpes do amor, eu pego fogo, eu pego ar, eu pego a carta. Não é que eu não resista. Ele fala e sou eu quem sou pronunciada.

Quem me faz escrever, gemer, cantar, ousar? Quem me dá o corpo que nunca tem medo de ter medo? Quem me escreve? Quem faz da minha vida o campo carnal de uma revoada de textos? A Vida em pessoa. Faz tempo que os nomes não são próprios senão pelo desejo de possuir não são mais próprios para nomear o ser que se iguala à Vida. Todos os nomes da Vida vão para ele, todos os nomes juntos não são suficientes para designá-lo. Quando eu tiver acabado de escrever, quando tivermos retornado ao ar do canto que somos, o corpo de textos que nos terá sido feito será um de seus nomes entre tantos outros.

Nem pai nem mãe, nem irmão nem homem nem irmã, mas o ser que, num momento, o amor nos propõe tornar, porque ele nos agrada ou nos importa nesta cena, nos braços, nesta rua, no coração desta luta, no oco desta cama, nesta manifestação, sobre esta terra, neste espaço marcado de signos – políticos, culturais –, e coberto de signos amorosos. Muitas vezes você é minha mãe rapaz e, muitas vezes, sou sua filha filho, sua mãe mineral, e você meu pai selvagem, meu irmão animal. Há possibilidades que nunca surgiram. Outras completamente imprevistas que nos ocorrem uma única vez. Flores, animais, tratores, avós, árvores, rios, somos atravessados, modificados, surpreendidos.

Escrever: primeiramente sou tocada, acariciada, ferida, em seguida tento descobrir o segredo desse toque para escutá-lo, celebrá-lo e transformá-lo em uma outra carícia.

***

O dia se esconde? À noite as línguas estão soltas, os livros se abrem e se revelam, até o ponto em que não vou e que meus sonhos vão por mim. Por muito tempo me senti culpada: do inconsciente. Fazia da Escrita a figuração de um trabalho de sábio, de um mestre das Luzes e das medidas. E você? Eu? Eu me surpreendia, não avançava, era pressionada. Não ganhava meu livro com o suor do meu rosto, eu o recebia. Pior ainda: roubava. Estava tentada: tinha esse jardim sem cerca em que surgiam todos os textos, contos das mil e uma noites. Os frutos da Árvore do Nascimento! Eu aguava. A árvore da ficção! Não experimente! Não passa de sonho! Aquele que prova o fruto dessa árvore não sabe mais de que lado se levanta. A cada noite, florestas de textos, mesas cheias de letras fantásticas. Como resistir? Toda esta escrita proibida?

Roubei. Primeiro, timidamente: nem mesmo um sonho, nem mesmo um fruto, seu perfume, uma cor, uma dor, que eu não entregava ao esquecimento, que eu retinha, e cujo brilho me servia para atrair, na aurora, entre um dia e outro, algumas frases fascinadas. "Como eles escrevem?", eu me perguntava, e meus sonhos me subiam à cabeça. "O que sabem os sábios, os mestres, os detentores do código?" E lá estava eu perseguida pelos sonhos, submersa em visões, patinando em línguas insubmissas, percorrendo os muros de seus parques franceses com minhas abundâncias, minhas terras embriagadas, minhas vegetações selvagens.

Às escondidas, eu mesma me roubei. Não repita isso!

Estas pérolas, estes diamantes, estes significantes que fazem mil sentidos de um incêndio, eu o confesso, muitas vezes roubei de meu inconsciente. A caixinha de joias. Sabemos bem o que é. Todas as mulheres têm uma. Às vezes, ela está vazia. Às vezes, sua chave está perdida. Às vezes, papai-mamãe estão com a chave. Às vezes, ela não sabe onde a guardou. E eu chego sorrateira, um pequeno furto, uma única vez, fuço, ah! Esses segredos! (Vejam *Aspern Papers* de Henry James,[29] como tudo está na gaveta, *com a condição* de que as cartas sejam roubadas!), deslizo um olho, uma mão. É irresistível.

Impostura de minhas assinaturas, me digo logo.

– Ladra! – Ladra, eu? Mas quem é "roubado"?

Onde está o próprio? De quem sou o pirata do amor?

O que as mulheres me dizem à noite escuto e repito. Uma parte do texto vem de mim. Uma parte é arrancada do corpo dos povos; uma parte é anônima, uma parte é meu irmão. Cada parte é um todo que desejo, uma vida maior, que me dá vontade e admiração, que acrescenta seu sangue ao meu sangue. Há sempre em mim algo maior que eu, algo de mais nobre, de mais potente, que me impele a crescer, que amo, que não procuro igualar, um corpo, uma alma, um texto – humano que não quero reter, ao qual quero dar passagem, ao qual me encanto de ter dado ao infinito. Hélène Cixous não sou eu, são aqueles que são cantados em meu texto, porque suas vidas, suas penas, sua força, exigem que ele ressoe.

À noite, pego meu corpo, escorrego para o volante, me esgueiro entre minhas cortinas, escorro entre dois sangues, seguindo os dias noturnos, subo, desço, as cidadezinhas me empurram para a saída, eu as atravesso, eu as abandono, todas as minhas saí-

---

29 H. James, *Os papéis de Aspern*.

das são pelo alto, estou sonhando? Não. São minhas vidas que vêm até mim, aquelas que me levam por toda parte, pelas regiões, terras, paisagens, cidades, culturas, nações, lugares em que meu ser foi tocado, uma só vez pode ser suficiente se, vivamente, atingido pela vida, - por todos os lugares de onde me foram enviadas uma carta de amor ou uma carta de ódio que meu corpo recebeu tão fortemente que ele não pôde não responder. Elas me levaram para quase todos os países, países simples, países compostos, países decompostos, reconstituídos, – em todos os espaços em que a História vem para fecundar minha geografia. Viajo: onde sofremos, lutamos, somos salvas, gozamos, subitamente meu corpo se sente em casa.

Mundial, meu inconsciente, mundial meu corpo. O que se passa no exterior, se passa no interior. Sou a terra, tudo o que acontece, vidas que me vivem sob formas diferentes, a viagem, a viajante, o corpo de viagem e o espírito de viagem, e tudo isso com tal agilidade que entro e saio, entro e saio, estou no meu corpo e meu corpo está em mim, me contorno e me contenho, poderia temer me perder, mas isso não acontecerá nunca, uma de minhas vidas me reconduz sempre ao corpo bom.

Quantas lágrimas verto à noite! As águas do mundo escorrem de meus olhos, lavo meus povos em meu desespero, eu os banho, os lambo com meu amor, vou às margens do Nilo para recolher os povos abandonados em berços de vime, tenho pela sorte dos vivos o amor infatigável de uma mãe, é por isso que estou em toda parte, meu ventre cósmico, trabalho meu inconsciente mundial, mando a morte embora, ela retorna, recomeçamos, estou grávida de começos. Sim, à noite o amor me torna mãe, faz muito tempo que sei isso, eu já era mãe quando tinha o gosto da última mamadeira na língua. Naquele tempo, eu era mãe de minha mãe, de meu irmão, de meus pais, nos meus braços, eu os transportava através das colinas, salvando-os dos nazistas. Depois, inventei todos os tipos de transporte conhecidos e desconhecidos. Fiz aviões decolarem de uma batida do coração, ri lendo Da Vinci, um dos meus mais antigos jovens irmãos, um feminino plural como eu, fui todos os pássaros, alegria de minha vida, o dia em que me dei conta que meu pai era uma cegonha. Como mãe, naturalmente, precisei de asas. Portadora, sequestradora, aquela que cria. O que sei hoje, se não sabia ontem, pois não me via, já estava lá. Fugir, proteger, escapar, *vooroubar*? Você é perseguida? A censura está atrás de você? Uma fila de policiais, de caras, de avaros, de repressores, de editores, de arquiprofessores, de patrões, de falos de capacete? Como você sobreviverá à bestialidade armada? Ao Poder? Se você não tiver por você, em você, com você, um pouco de mãe para lembrar que não é sempre que o mal ganha; se não tiver um pouco de mãe para dar a você paz, para guardar através dos tempos e das guerras um pouco do leite da vida, um pouco do gozo da alma que regenera? Um pouco de livro, de letra, para lhe reanimar?

Eis por que, como, quem, o que, escrevo: o leite. O alimento forte. O dom sem retorno. A escrita, também ela, é leite. Alimento. Como todas aquelas que alimentam, sou alimentada. Como mãe, sou filha: se você sorri, se você me alimenta, sou sua filha. Bondade nas boas trocas.

Mistério do ódio, da maldade: aquele que odeia não é devorado vivo pelo ódio? Aquele que guarda a riqueza e o alimento para si mesmo fica envenenado. Mistério do dom: o dom-veneno: se você dá, recebe. O que não dá, o antidom, volta-se contra você e te apodrece.

Quanto mais você dá, mais goza, como eles não sabem disso?

Escrevo – mãe. Qual a ligação entre mãe e mulher, filha? Escrevo – mulher. Qual a diferença? Eis o que meu corpo me ensina: primeiro, desconfia dos nomes: eles não passam de ferramentas sociais, de conceitos rígidos, pequenas gaiolas que montamos, você sabe, para não misturarmos uns e outros sem o que a Sociedade do Puncionamento Cacapitalista[30] não se sustentaria. Amiga, tire um tempo para se des-nomear por um minuto. Você não foi o pai de

---

30 Em francês, *Societé à Ponctionnement Cacapitaliste*. Uma das acepções de *ponctionnement* indica a evacuação de uma cavidade por meio de punção. (N.T.)

sua irmã? Como esposa, não aconteceu de você ser o marido de sua esposa, ou talvez o irmão de seu irmão ou que seu irmão fosse sua irmã mais velha? Saí dos nomes, pessoalmente, bem tarde. Acreditei – até o dia em que a escrita me veio até os lábios – em Pai, em Marido, em Família, e paguei caro por isso. Escrever e atravessar os nomes, eis o gesto necessário: desde que Eurídice chamou Orfeu para penetrar onde mudam os seres, Orfeu percebeu que ele mesmo é (em) Eurídice. A partir do ponto em que você se deixa conduzir para além dos códigos, seu corpo cheio de tempo e alegria, as palavras escapam, você não as encerra mais nos planos das construções sociais, não anda mais entre paredes, os sentidos escorrem, o mundo dos trilhos explode, os ares passam, os desejos fazem as imagens saltarem, as paixões não estão mais encadeadas às genealogias, a vida não está mais pregada ao tempo das gerações, o amor não está mais alinhavado ao sentido decidido pela administração das alianças públicas. E você está entregue às suas inocências, às suas possibilidades, à abundância de suas intensidades. Agora, escute o que seu corpo não ousava deixar aflorar.

O meu me diz: você é a filha do leite e do mel. Se você me dá o seio, sou sua criança, sem cessar de ser a mãe para aqueles que alimento, e você é minha mãe. Metáfora? Sim. Não. Se tudo é metáfora, nada é metáfora. Um homem é sua mãe. Se ele é sua mãe, o que é um homem? Antes de mais nada, pergunte a você mesma: há algum homem que possa ser minha mãe? Um homem maternal é uma mulher? Antes de mais nada, diga a você mesma: ele é muito grande e múltiplo para ser capaz de bondade materna.

Há filhas que não são mais que "filhas",[31] que infância, prazer e desprazer da infância e da dependência. Há mães que não são maternais, que são irmãs ciumentas como as três ou quatro mães-irmãs da Cinderela.

E mulher? Mulher, para mim, é aquela que não mata ninguém nela, aquela que (se) dá suas próprias vidas: mulher é sempre de uma certa maneira "mãe" para si mesma e para o outro.

Há mãe em toda mulher. Infeliz é a "mulher" que se deixa reduzir a um só papel. Infeliz aquela que a velha História coage a se deixar envolver pelas guerras injustas, aquelas guerras que as angústias e a falta de amor fomentam sem cessar entre as mães, as filhas, as noras e as irmãs. Essas guerras vêm dos homens e elas se aproveitam. Maldita a filha que aprende com sua "mãe" a odiar a mãe.

Na mulher, a mãe e a filha se reencontram, se preservam, uma com a outra, a infância entra na maturidade, na experiência, a inocência, a filha está na mulher a mãe-criança que não para de crescer.

---

31 É preciso lembrar que, em francês, *filles* pode ser "filhas" e "meninas". Para o gênero masculino, teríamos significantes diferentes: *garçon* e *fils*. (N.T.)

Há mãe em você, se você se ama. Se você ama. Se você ama, também se ama. Eis a mulher do amor: aquela que ama toda mulher em si-mesma. (Não a "bela" mulher de que fala o tio Freud, a bela no espelho, a bela que se ama tanto que ninguém pode amá-la o bastante, não a rainha da beleza.) Ela não se olha, não se mede, não se examina, sem imagem, sem exemplaridade. A carne vibrante, o ventre encantado, a mulher grávida de todo amor. Nenhuma sedução, nenhuma ausência, nenhum precipício ornado com véus. A plenitude, aquela que não se vê, que não se reapropria de todas as imagens refletidas no rosto, sem a devoradora de olhos. Aquela que olha com o olhar que reconhece, que estuda, respeita, não agarra, não arranha, mas que, atentamente, com uma doce implacabilidade, contempla e lê, acaricia, banha, faz o outro brilhar. Conduza ao dia a vida aterrada, fugidia, que se tornou prudente demais. Ilumine-a e cante seus nomes.

O que me impele a escrever é análogo ao que impele a mãe a escrever o universo para que a criança se apodere dele e o nomeie. Primeiro, desposo, sou desposada, não barro, não fecho minhas terras, meus sentidos, o espaço carnal que se compreende por trás de meus olhos: deixo-me atravessar, impregnar, afetar (o mais possível: até onde, por um pouco mais, estarei perdida de mim), infiltrar, esvair, por signos produzidos em um lugar que situo vagamente entre minha cabeça e meus pulmões. Não "começo" por "escrever": não escrevo. A vida é que faz texto com meu corpo. Já sou texto. A História, o amor, a violência, o tempo, o trabalho, o desejo o inscrevem em meu corpo, entrego-me onde se dá a ouvir "a língua fundamental", a língua corpo na qual se traduzem todas as línguas das coisas, dos atos, dos seres, em meu próprio seio, o conjunto do real trabalhado na minha carne, capturado por meus nervos, pelos meus sentidos, pelo labor de todas as minhas células, projetado, analisado, recomposto em um livro. Visão: meu peito como tabernáculo. Abre. Meus pulmões como o rolo da Torá. Mas uma Torá sem fim, em que os rolos se imprimem e se desdobram através dos tempos e, sobre a mesma História, se escrevem todas as histórias, os eventos, as mudanças efêmeras e as transformações; entro dentro de mim de olhos fechados, e isso se lê. Esse ler operou aqui, pelo ser-que-quer-nascer, uma pulsão, qualquer coisa que quer, a qualquer preço, sair, se exalar, uma música em minha garganta que quer ressoar, uma necessidade carnal, que me agarra a traqueia, uma força que contrai os músculos de meu ventre e tensiona meu diafragma como se eu fosse parir pela garganta, ou gozar. É a mesma coisa.

Esse ser de ar e de carne que se compõe em mim com os milhares de elementos de significações arrancadas de diversos domínios do real e reunidas pelas minhas emoções, minha raiva, minha alegria, meu desejo, impossível de dizer antes o que será, nem a que parecerá: nem mesmo prever as formas que as lavas tomarão depois de frias. Ele toma forma, o rosto literal, que convém a quem deseja lhe dar um sentido. Se ele quer sentir, guerras, lutas políticas, ele se molda em uma forma teatral. Se ele faz sentir o luto, ah! Você me abandonou, seu corpo é lágrima, sopro cortado, brancos e crises de *Dedans*[32]. Se ele quer explodir em um orgasmo se espalhar mergulhar ele faz inteiramente *Souffles.*[33]

O que em mim se elabora longamente se inscreve surgindo em uma forma que me é imposta.

Assim, para cada texto, um outro corpo. Mas em cada um a mesma vibração: pois o que de mim marca todos os meus livros lembra que é minha carne que os assina, é um *ritmo*. Meio, meu corpo ritmado, minha escrita.

Duas forças trabalham juntas em mim, estou sob a tenda cósmica, sob a tela de meu corpo e olho, sou o seio onde tudo se passa. Enquanto vejo, escuto. Isso que se passa é simultaneamente canto. De certa maneira, uma ópera me habita. O que escorre de minha mão para o papel é o que vejo-escuto, o que meus olhos escutam, o que minha carne escrutina.

---

[32] H. Cixous, *Dedans* (1986). O livro teve uma primeira edição pela Grasset em 1969. (N.T.)

[33] H. Cixous, *Souffles*. Paris: des femmes, 1998. A primeira edição é de 1975, também pela des femmes. (N.T.)

Sou infringida. Sou levada ao limite. Uma música me inunda, me inculca suas escalas. Sou infância, minha mãe canta, sua voz do alto, não para! Não para! Uma língua linda me lambe o coração, minha carne entende o alemão que não entendo. O Lied! O Lied![34] Canto e dor, sangue e canto! Leid! Leib! Dor e corpo! Leib! Leich! Leis! Lai,[35] hino, leite. Lieb! Amor. Sou amada. As letras me amam. Leise. Doçura. Sinto que sou amada pela escrita. Como eu não a amaria? Sou mulher, faço amor, o amor me faz, ele vem em *Troisième corps*,[36] uma terceira vi(st)a, e nossos outros ouvidos, – entre nossos dois corpos surge nosso terceiro corpo, voa e vê de mais alto o cimo das coisas e que o cume se eleve em direção às mais altas coisas; mergulhe, nade em nossas águas, desça, explore o fundo dos corpos, destaque e sacralize cada órgão, conheça o ínfimo e o invisível – mas, para que se escreva o terceiro corpo, é preciso que o exterior entre e que o interior se abra. Se você entope meus ouvidos, se você fecha meu corpo à música exterior-interior, se você barra o canto, então,

---

34 *Lied* é uma palavra em alemão que pode ser traduzida para o português como "canção" ou "música". É comumente usada para se referir a uma composição musical vocal, especialmente uma canção de arte ou uma canção tradicional alemã. (N.E.)

35 *Lai*, em francês e em português; trata-se de um pequeno poema lírico ou narrativo, da Idade Média. (N.T.)

36 H. Cixous, *Troisième corps*, 1999. O livro teve uma primeira edição pela Grasset em 1970. (N.T.)

tudo é silêncio, o amor se esgota, se ensombrece, não me escuto mais gozar, estou rompida, perdida. O que tomba sobre o papel é o que me entra em todo texto pelos ouvidos.

Primeiro, o canto de minha mãe, o *lai* da alma não me cansará nunca, entre, meu amor, me alimente, minhas almas têm sede de suas vozes, agora, transbordo, agora, a efusão, saio de mim em rios sem margens; em seguida, mais tarde, emergimos de nossa própria mãe, ganhamos uma borda. Cortamos. Então, se queremos fazer um livro, pegamos nossas ferramentas, talhamos, filtramos, voltamos sobre nós mesmas, dura prova, você anda sobre suas carnes, não voa mais, não afunda mais, você pesquisa, jardina, escava, ah você limpa e recolhe, é a hora do homem. Fechamos, cortamos os fios, serramos a trama, executamos em estado de vigilância o trabalho do sonho, trapaceamos, condensamos, empilhamos, destilamos. E agora, como nomear?

Sonhamos: "A mesa é redonda. Falo cada vez mais alto para encobrir o barulho, faço xixi cada vez mais alto, falo cada vez mais alto e ganho a força de uma cascata, uma boca de água aberta em grandes jatos, esse discurso é filosófico, esconda isso, que excesso, todos os olhares sobre mim, uma missertação.[37] Qual será a sua conclusão?" Sonhada.

---

37 Em francês, *pissertation*, aglutinação de *pisser*, "mijar", "urinar", "fazer pipi", e "dissertação". (N.T.)

Quem te sonha? De onde vêm os mensageiros que te confiam, em línguas ainda que estrangeiras, os segredos dos movimentos humanos, as novidades dos povos que você nunca sonhou, que fazem morrer no seu corpo as tribos esfomeadas, que te fazem amar as crianças nascidas de tua carne e que não são as tuas, que acolhem na tua pele milhares de inimigos anônimos que querem tua vida, tua liberdade, teu sexo? E de sonho em sonho, você desperta cada vez mais alerta, mais e mais mulher. Quanto mais você se deixa sonhar, mais você se deixa ser trabalhada, mais você se deixa inquietar, ser perseguida, ameaçada, amada, quanto mais você escreve, mais você escapa à censura, mais a mulher se afirma, se descobre e se inventa. E elas chegam a você cada vez mais numerosas, mais expostas, nuas, fortes, renovadas. Porque há lugar em você para elas. Quanto mais elas são amadas, mais elas crescem e se escutam, se aproximam, se dão, se dão a ver como nunca; quanto mais elas semeiam, mais colhem a feminilidade.

Elas te levam para os jardins, te convidam para seus bosques, elas te fazem percorrer suas regiões, e inauguram seus continentes. Feche os olhos e as ame: você está em casa na terra delas, elas te visitam e você as visitam, em seus sexos abundam segredos. O que você não conhece, elas te ensinam e você as ensina o que aprende com elas. Se você as ama, cada mulher se junta a você, e você se torna mais-mulher[38].

---

38 Em francês, *plufemme*.

Seu inconsciente feminino singular: um inconsciente, como o de todo ser humano, constituído transculturalmente. Recortado da História, notado por seus testemunhos, seu livro mágico tem mais de um autor, o real escreve nele uma parte, risca, seleciona, dissimula outra parte, nacional e transnacional, milenar e instantânea, um dedal, um continente feito a sexo, suas cem origens programam a carne para sonhar. E esta carne sobrehistoricizada, museificada, recortada em todos os sentidos, sobrelambida, é uma carne feminina; nela, a "mulher" projetada pela Lei, ferida pelos mesmos golpes da censura que talham em toda mulher um imaginário sobre o patrão – mais ou menos aderente, ajustado, aprisionador –, essa "mulher" apequenada-na-cultura encontra a mulher singular engrandecida-na-vida, semelhante à mulher geral. No movimento de sua economia pulsional, como essa mulher geral, virtualmente, superabundância e dispersão, mas diferente, como um texto é diferente de outro texto.

Escreve, sonha, goza, seja sonhada, gozada, escrita.

E todas as mulheres sentem, na escuridão ou na luminosidade, aquilo que nenhum homem pode experimentar em seu lugar, as incisões, os nascimentos, as explosões da libido, as rupturas, as perdas, os gozos em nossos ritmos. Meu inconsciente é um ramo de seu inconsciente.

Pergunte-se:

– Como o sentido circula já que é o significante que se a apresenta, a cena, a ondulação de sons carnais, alucinantes? O que te sobe à garganta, aos músculos?

– Como o que me afeta vem à linguagem, sai todo-enunciado, não sei. Eu o "sinto", eis o próprio mistério: a linguagem está inapta a deixar passar.

Tudo que posso dizer sobre isso é que a "chegada" à linguagem é uma fusão, uma imersão em fusão; se há uma "intervenção" de minha parte, é um tipo de "posição" de atividade – passivo, como se eu me incitasse: "deixa fazer, deixa passar a escrita, deixa absorver, deixa lavar, relaxa, desvia o rio, solte tudo, abre, desate, ergue as comportas, se deixe rolar..." Uma prática da maior passividade. De uma só vez, vocação e técnica. Tal passividade é nossa maneira – na verdade, ativa – de conhecer as coisas deixando-nos conhecer por elas. Você não procura a mestria. O demonstrar, o explicar, o saber. O que não tarda a se trancar no cofre. Embolsar uma parte da riqueza do mundo. Mas você procura transmitir: fazer amar, fazendo conhecer. Você quer afetar, despertar os mortos, lembrar às pessoas que elas choram um amor passado e, tremendo de desejo, que elas ainda estão perto da vida que é procurada depois de, incessantemente, afastar-se dela.

Continuidade, abundância, deriva, isso é especificamente feminino? Creio que sim. E, quando se escreve um desvario semelhante a partir do corpo de um homem, é porque a feminilidade não está interdita.

Porque ele não fantasia sua sexualidade em torno de uma torneirinha. Ele não tem medo de faltar água, não se arma de seu bastão mosaico para bater na rocha. Diz: "Tenho sede", e a escrita jorra.

Anoitecer na sua própria noite, estar em relação com o que sai de meu corpo como com a mãe, aceitar a angústia da submersão. Estar mais no corpo do rio do que no corpo da barca, expor-se a este perigo, é um gozo feminino. Mar, você retorna ao mar, o ritmo ao ritmo. E o construtor: de poeira em poeira através de seus monumentos erguidos.

A feminilidade de um texto dificilmente pode se deixar assimilar ou atingir. Quem passará as rédeas à divagação? Quem conduzirá o fora às paredes?

Como se eu vivesse engajada na escrita, sem revezamento. Em mim o canto que, desde a emissão, acede à linguagem: fluxo imediatamente texto. Sem corte: somsentido, cantosom, sanguesom[39]; tudo já está sempre escrito, todos os sons foram lançados. Mais tarde, se saio de minhas águas toda gotejante dos meus prazeres, se ando ao longo de minhas margens, se observo de minha borda os jogos amorosos dos meus peixesonhos[40], noto as inumeráveis figuras que eles produzem em sua dança; não é suficiente que corram nossas águas de mulher para que, sem cálculo,

---

39 Em francês, *sonsens, chantson, sangso*n. (N.T.)

40 Em francês, *poissonges*. (N.T.)

se escrevam nossos textos selvagens e populosos? Nós mesmas na escrita como os peixes na água, como os sentidos nas línguas, e a transformação em nossos inconscientes.

> **Primeira publicação na série *Féminin futur*, 1976.**

POSFÁCIO

A QUE PASSA É SEMPRE MAIS DE UMA, QUER DIZER, AS MULHERES, AS LÍNGUAS

Flavia Trocoli

Roubo minha epígrafe de Barbara Cassin, em seu *Elogio à tradução: complicar o universal*,[1] e a deixo voar até aqui:

> *Se penso numa língua e escrevo "o cão corre atrás da lebre no bosque" e quero traduzir para outra, devo dizer "a mesa de madeira branca força as patas na areia e quase morre de medo de se ver tola".*
> *Pablo Picasso,*
> *28 de outubro de 1935.*

"Eu falarei da escrita feminina: *do que ela fará.*" Assim Hélène Cixous começa *O riso da Medusa*, publicado pela primeira vez em 1975 e depois, no Brasil,

---

1 B. Cassin, *Elogio à tradução: complicar o universal*, 2022.

em 2022. Na frase, chamam a atenção os verbos no futuro e um movimento de deslizamento entre falar, escrever, fazer. É pela ênfase nesse movimento que gostaria de apresentar *A chegada da escrita*, texto publicado primeiramente em 1976 e, depois, em 1986 como abertura para o livro *Entre l'écriture*,[2] composto deste e de outros ensaios acerca de James Joyce, Clarice Lispector, Torquato Tasso e da pintura a partir de *Água viva*,[3] de Clarice Lispector.

A tradução de *A chegada da escrita*, e sua publicação, é marcada neste momento por uma dupla contingência: os desejos de recolher e de propagar ainda as ressonâncias de *O riso da Medusa*, assim como de fazer chegar ao público uma tradução feita a partir da reunião de mais de um ouvido, em um grupo de leituras e discussões que, à época, chamei "Traduzir o idioma Cixous".[4] O método de trabalho consistiu na divisão do ensaio em pequeninas partes para que

---

[2] A tradução foi realizada a partir da versão publicada em livro. No fim do texto, a própria Cixous indica a publicação em 1976.

[3] C. Lispector, *Água viva* [1973], 2019.

[4] Na reta final, Ana Alencar nos emprestou seu ouvido bilíngue para, em algumas passagens, escutar cantigas de infância e gírias até então inauditas. A ela, agradeço. Na preparação da versão final, confrontei nosso trabalho com a tradução de Irene Agoff, de 2015, para a Amorrortu. Em 2020, Francisco Renato de Souza fazia parte do Grupo. A retomada dos trabalhos no fim de 2021, coincidiu com sua saída e com a entrada de Marcelle Pacheco Soares.

cada leitor ou leitora as traduzisse sozinho ou sozinha e, depois, apresentasse para discussão em grupo, em uma leitura em voz alta. A escrita de Hélène Cixous, em sua dimensão microscópica, requer um trabalho de ourivesaria que, depois da tradução por mais de um ouvido, ficou ressoando um bom tempo em meu ouvido e em meu coração, na tentativa de dar a ela um corpo, ou um *terceiro corpo* – para lembrar o título de um dos livros da autora – que não apagasse inteiramente a variedade das mãos tradutórias, mas que privilegiasse um ritmo mais próximo do texto de partida, em francês, sem especificidades destoantes no texto de chegada, em português do Brasil.

Relembremos. Em 2020, estávamos no auge do confinamento provocado pela pandemia de covid-19 e, no Brasil, dos votos mortíferos de uma palavra sempre armada; confinamento e palavras de ordem e de censura do próprio movimento da linguagem são questões que se entrecruzam neste ensaio de Cixous. Foi naquele momento que alguns ouvidos e algumas mãos aceitaram o meu convite de reunião para tentar soletrar o *idioma Cixous* – expressão recolhida do texto com que Jacques Derrida recebe o arquivo Cixous na Biblioteca Nacional da França, incluindo neste arquivo cartas e sonhos:

> No próprio ato de nascimento, o sagrado e o secreto. [...] o que não deve sobretudo faltar é o idioma Cixous. Eu o descreverei, este idioma de uma assi-

natura, como a genialidade que consiste em se deixar acariciar por um gênio da língua que não volta a si de uma surpresa absoluta, de um contato inesperado que a afeta [...] quero dizer a língua francesa, como em sono ou sonambulando no sonho infinito de seu inconsciente.[5]

Do fragmento, recolhi a expressão *idioma Cixous* para nomear a singularidade de uma escrita que guarda o frescor dos primeiros nomes, as formações do sonho, o inconsciente como um saber-fazer com a língua que, em Cixous, é recebido pela literatura. Como traduzi-los? Se não há uma resposta unívoca, tampouco se pode perder de vista as relações dessa escrita mais solta em relação ao significado, mais atenta e receptiva aos equívocos, às homofonias, às homonímias, às elipses, às transformações das vozes, aos ritmos. Nessa direção, traduzir seria uma resposta ao chamado a viver, a duplicar o equívoco, a ler, colocando na cena do renascimento a prática da escrita feminina *em mais de uma língua*,[6] e não da "mão que toma e fecha" decidindo quem fala, unificando o sentido.

---

5 J. Derrida, *Gêneses, genealogias, gêneros e o gênio*, 2005, p. 25.

6 No encarte de *Le monolinguisme de l'autre*, Derrida indica que, se há algo incontornável para a desconstrução, é que ela se faz em mais de uma língua.

Encenando a frase de Clarice Lispector em *Água viva*, "Gênero não me pega mais",[7] a construção formal de *A chegada da escrita* é livre e sobrepõe ensaio, traço autobiográfico e as cenas literária e teatral. Escrito antes do encontro com o texto de Clarice Lispector, em *A chegada da escrita* abundam, destacadamente, pontos de entrecruzamento com *Água viva*, livro do qual recolho algumas frases que, mesmo diferentes em sua singularidade essencial, nadam em mar comum: "Esta é a vida vista pela vida";[8] "Renuncio a ter um significado";[9] "escrevo-te uma onomatopeia, convulsão da linguagem";[10] "Deixe-me falar puramente em amamentar";[11] "Você que me lê que me ajude a nascer";[12] "Minha história é viver".[13] Escutar essas frases em parataxe me ajudou a imprimir um certo ritmo à versão final da tradução. Com isso quero dizer também que traduzir o texto de

---

[7] É preciso dizer que o ensaio que encerra *Entre l'écriture* intitula-se "Le dernier tableau ou le portrait de Dieu". Escrito em 1983, ele aparece na edição de 1986 como "Inédito" e gira em torno da relação entre escrita e pintura em *Água viva*, chamando também pintores como Monet, Van Gogh, Rembrandt e Hokusaï.

[8] C. Lispector, op. cit., p. 31.

[9] Idem, p. 40.

[10] Idem, p. 41.

[11] Idem, p. 44.

[12] Idem, p. 48.

[13] Idem, p. 76.

Cixous implica escutar a literatura que ela ama e não cessa de *ressuscitar*. *A chegada da escrita* ouve as vozes das interdições que recaem sobre uma mulher e, muito próximo de *Água viva*, responde com a liberdade formal, isto é, com uma escrita:

> Tudo em mim ligava-se para interditar-me a escrita: a História, minha história, minha origem, meu gênero. Tudo o que constituía meu eu social, cultural. A começar pelo necessário, o que me fazia falta, isto é, a matéria em que a escrita se talha, da qual ela é extraída: a língua. Você quer – Escrever? Em que língua? A propriedade, a lei, desde sempre me policiaram: aprendi a falar francês em um jardim onde eu estava prestes a ser expulsa porque era judia. Era da raça dos expulsos do paraíso. Escrever francês? Com que direito? Mostre-nos suas credenciais, diga-nos as senhas, assine, mostre suas mãos, suas patas, que nariz é esse?
> Eu disse "escrever francês". Escreve-se *em*. Penetração. Porta. Bata antes de entrar. Estritamente proibido.
> – Você não é daqui. Não está em casa aqui. Usurpadora!
> – É verdade. Não é por direito. Só por amor.
> Não tenho uma língua legítima. Em alemão canto, em inglês me disfarço, em francês *vooroubo*, sou ladra, onde eu repousaria um texto?[14]

---

14 H. Cixous, *A chegada da escrita*, 2024, p. 25.

Assim, uma das vozes de *A chegada da escrita* é aquela que interdita, que deslegitima, que usa a tesoura (*ciseau*) para mortificar. Escrever, então, se daria como passagem dessa voz interditora do *Supereu*, que a psicanálise nomeia sem endossar, às vozes de um *mais-que-eu*, que Cixous nomeia para praticar. Esse *mais-que-eu* que, no ouvido, em palimpsesto, deixa ressoar mais-que-um-sentido, mais-que-uma-voz, mais-que-uma-literatura, mais-que-uma-língua. Note-se que o fragmento é exemplar tanto na escuta das vozes interditoras e na sua memória em forma dramática quanto no uso da parataxe, em que as frases estão mais sobrepostas como as imagens de um sonho do que ligadas pela subordinação e por relações semânticas.

Em *Une autobiographie allemande*,[15] as cartas de Hélène Cixous endereçadas a Cécile Wajsbrot[16] também retomam e deixam passar parte de sua história com a língua alemã, que ela considera materna, por ser falada por sua mãe, sua avó e sua tia. Para ela, a infância é marcada pela expulsão da Argélia na era

---

15 H. Cixous, *Une autobiographie allemande*, 2016.

16 Cécile Wajsbrot é escritora. Além de *Une autobiographie allemande*, 2016, divide com Cixous também a autoria de *Lettres dans la fôret* [Cartas na mata], 2022, com a correspondência que as duas trocaram durante o confinamento.

Vichy[17] e, mais tarde, pela expulsão da vida pela morte do pai. Cixous diz refugiar-se no país literatura. Nele, a língua não deve estar atrelada a nenhum nacionalismo, mas sim ao viver, ao gozar. Pois bem, ela marca que foi uma criança alemã, já que sua avó, mãe e tia falavam alemão com ela – suas lembranças foram pintadas em alemão por essas três narradoras feéricas. E sua segunda língua é o inglês, que aprendeu em Londres aos treze anos de idade, com que ela leu e fez de Shakespeare seu sangue, seu sentido,[18] e com a qual ela fez uma tese sobre o exílio em James Joyce e suas dezoito línguas. Quando a mãe está prestes a morrer, a ameaça é de que a língua alemã também suma, o que se materializa na imagem de uma língua cortada. A ameaça de perder o alemão é ameaça de perder o canto, a recordação de infância, o ritmo que se inscreve no corpo daquela que escreve ou:

> Na língua que falo, vibra a língua materna, língua de minha mãe, menos língua que música, menos sintaxe que canto de palavras, belo *Hochdeutsch*, calor rouco

---

17 A era Vichy refere-se ao período da história francesa, entre 1940 e 1944, quando a França estava sob controle do regime colaboracionista liderado pelo marechal Philippe Pétain. Esse período foi marcado por medidas autoritárias, perseguições políticas e colaboração com o regime nazista durante a ocupação alemã. (N.E.)

18 Em francês, Cixous deixa ressoar *sang*, "sangue"; *sens*, "sentido"; *sans*, "sem"; *sein*, "seio".

do Norte no fresco falar do Sul. O alemão materno é o corpo que nada na corrente, entre minhas bordas de língua, o amante materno, a língua selvagem que dá forma às antigas e às mais jovens paixões, que faz noite leitosa no dia do francês. Não se escreve: me atravessa, me faz o amor, amar, falar, rir de sentir seu ar me acariciar a garganta. Minha mãe alemã na boca, nas laringes, me ritma. Tentar fazer da língua primitiva, da carne do sopro, uma língua-objeto. Minha lalemã![19]

A língua reencontrada na escrita, porque sempre perdida, a *lalemã*, atravessará a garganta e *formará* o ritmo, a lembrança de infância, o corpo feminino que morre e renasce em pele, útero, umbigo, olho, orelha, ouvido, recebendo os acidentes de vida e morte. Eis um movimento diferente em relação àquele da língua universal, tal como pensado por Jacques Derrida: "A neutralidade ou ao menos a serenidade imperturbável que deve acompanhar a relação com o verdadeiro e o universal, o discurso filosófico deve garanti-los também através daquilo que se chama de neutralidade do tom".[20] Nos confins do universal,

---

19 H. Cixous, *A chegada da escrita*, 2024, p. 33-34

20 J. Derrida, *D'un ton apocalyptique adopté naguère em philosophie* [De um tom apocalíptico adotado anteriormente na filosofia], 2005, p. 18 (tradução minha).

a prática da escrita de Cixous recebe deformações, *desloucamentos*[21], os quais permitem criar a música da infância, do esquecimento, da diferença sexual em palavras-valise como aquelas que serão encontradas nas páginas adiante: *lalemã, infantasma, requienésima, infiminilidade*[22], *sexculpar, língualeite, vooroubo.*

A língua materna sonorizada – *lalemã* – perturba toda univocidade do sentido que a lógica patriarcal e universalizante gostaria de manter nos limites do cálculo, do conceito, da classificação. Onomatopeias, palíndromos, homofonias, palavras-valise estão espalhadas por toda a obra, teatralizando o estar à borda da língua, sem domínio, o que é recusar os nomes prontos, enrijecidos em conceitos. A leitora de Cixous reconhece na modificação da palavra um procedi-

---

21 Sigo o neologismo de Günther Anders, conforme tradução de Modesto Carone: "Aqui entramos em Kafka. A fisionomia do mundo kafkiano parece *desloucada*". No entanto, mesmo que Kafka seja um dos pilares da escrita de Cixous, a relação que sua escrita estabelece com a lei e a loucura é bastante diferente e mereceria um ensaio demorado. Breve, lá aonde Kafka fixa a cena mortífera, Cixous coloca em movimento a cena do renascimento em movimento incessante. Aliás, ao ler *A chegada da escrita*, o leitor e a leitora de Kafka não tardarão a se lembrar, em no *que vive à espreita*, da toupeira de *A construção* (2008) e, *na camundonga*, do conto "Josefina a cantora ou o povo dos camundongos".

22 No neologismo *Infiminité*, escuta-se toda a paixão de Cixous pelo ínfimo e pelo feminino. Paixão muito ligada à questão do microscópico, do detalhe e da miopia. Me demorei nessas questões comuns a ela e a Clarice no ensaio "Clarice Lispector, Hélène Cixous e a miopia como procedimento", in *Currículo Sem Fronteiras*, 2021, p.540-522.

mento estrutural de sua escrita: o vaivém com o qual inventa seu *Fort-Da*[23] literário, para transitar sem descanso entre ilegível e legível, não escrito e escrito, sem nunca se chegar a qualquer legibilidade completa, já que o decifrado novamente cifra o ilegível; já que o traduzido produz uma nova cifra, isto é, outras possibilidades de leitura e de reescrita.

O que poderíamos chamar liberdade tradutória encontra uma cena exemplar em "Viver a laranja", primeira parte de *A hora de Clarice Lispector*, publicado na mais recente tradução brasileira, de Márcia Bechara:

> O primeiro raio de uma voz que vem ao encontro do coração recém-nascido. Há mulheres que falam para cuidar e salvar, não para capturar, [...] são vozes para ficar perto das coisas, como sua sombra luminosa, para refletir e proteger algo tão delicado como os recém-nascidos. [...] Se elas escrevem, é para cercar o nascimento da vida com os cuidados mais delicados. [...] A voz de uma mulher veio até mim de muito

---

[23] *Fort-Da* é um termo que deriva do jogo infantil descrito por Sigmund Freud em "Além do princípio do prazer" (1920). No jogo de Fort-Da, a criança brinca com a presença e ausência de um objeto, como um brinquedo. Quando o brinquedo está presente (*Fort*), a criança o mostra; quando está ausente (*Da*), ela o faz reaparecer, indicando que o objeto retornou. Em inúmeros momentos de sua obra, Cixous retorna ao jogo freudiano.

longe, como uma voz da cidade natal [...]. E foi como uma infância que voltava para pegar correndo a laranja viva e imediatamente celebrá-la. [...] Três relances em torno de uma laranja, daqui a até o Brasil, passando pelas fontes na Largélia. A laranja é um começo. [...] por qual escada ela descia até o fundo da língua. [...] Na tradução de maçã em laranja (em laranja), eu tento me denunciar. Um jeito de assumir minha parte. [...] a maçã amarga de ser-doce nas línguas, apple, apfel, appel. Clarice chama. Ela nos evoca.[24]

Clarice chama, Hélène atende e chama a *maçã* de *laranja*. De *pommes* a *orange* – o que se passa nesse fio de seda? A laranja é uma tradução de maçã ou é o seu duplo? Em *H.C. pour la vie, c'est à dire...*, diante da experiência de intraduzibilidade da escrita de Cixous, Derrida dirá que prefere duplicar seguindo a lei do duplo que "substitui o único pelo único"[25] – assim como, para cada um, cada sonho é único e não foi escrito pelo eu. Lá, onde o *eu* não sabe ler, o sonho advém, faz "passar seu bisturi a laser primeiro entre as letras",[26] desloca. Da maçã à laranja, Cixous rasura o fruto proibido, apaga a cena da perda do paraíso em que Ève é a protagonista, desloca um mito fundador bíblico para o

---

24 H. Cixous, *A hora de Clarice Lispector*, 2022, p. 7-44.

25 J. Derrida, op. cit., p. 63 (tradução minha).

26 H. Cixous, *Rêve je te dis*, 2003.

nascimento, para o recém-nascido na borda da língua desconhecida, para a infância, para a cidade natal Oran. Desloca a sonoridade de *pommes*, em que com *Hache* se faria *homme*, para *Orange* e, a toda velocidade, evoca e corta o nome do pai – Georges – para deixar ressoar *Or*.[27] Entretanto, é notável que a maçã retorne justamente em um fragmento em que vigora um forte jogo entre *pomme* e *femme*. É notável que Cixous também escreva que o lugar de Clarice supõe as mulheres vivas, "antes de qualquer tradução". E, um parágrafo depois, escreve que, no tempo em que os ouvidos estão mortos, "precisamos de tradução".

Hélène deixa a escrita de Clarice chegar traduzindo maçã em laranja. Em um belo ensaio intitulado "L'amitié, la trahison, la traduction", Marta Segarra cria um paralelismo entre a tradução e o livro *L'amour du loup – et autres remords* [O amor de lobo – e outros remorsos].[28] Nele, a leitora de Tsvetaeva e de Lispector pensa no amor como essa parada no limite da devoração, quando o lobo pode devorar o cordeiro, mas não o faz. *O cordeiro fica intacto da mordida, mas porta o dom*. Ao *viver a laranja*, e não a maçã, Cixous guarda a origem no som. A laranja é maçã que se guarda da mordida. Em *O amor de lobo*, Cixous intitula um de seus capítulos de "Conversa com o asno: Escrever

---

27 Há um livro de Cixous que se chama *Or – lettres de mon père*, 1998, p. 13.

28 H. Cixous, *L'amour du loup – et autres remords*, 2003.

cega". Aqui a cena do sacrifício se desloca de Abraão e Isaac para uma conversa entre Abraão e o asno. Lá, na escrita sagrada, não se ri; aqui, na escrita secreta, o andar é difícil: ato falho, lapso, disjunção, inadequação – a história dela é ridícula como a nossa. Levantado o véu da censura e da interdição, a tradução se faz de maneira provisória porque desejando línguas vivas, ou: *como em sono ou sonambulando no sonho infinito de seu inconsciente*. Assim, deixa, nesse sonho infinito, a escrita vir tal como poema do outro que "[...] em livro se escreve rápido, em uma língua autofertilizante, densa, precisa, poliglota, polifônica".[29]

Traduzir a vida em uma língua polifônica é dizer não ao império da univocidade:

> Há tantas fronteiras, tantos muros, e, no interior dos muros, há outros muros. Bastiões, nos quais, em uma manhã, acordei condenada. Cidades em que estou isolada. Quarentenas, jaulas, casas de "saúde", frequentei-as tantas vezes, meus túmulos, minhas celas corporais, a terra tão cheia de lugares de reclusão para mim. Para o corpo, o calabouço; para o espírito, o silêncio.[30]

---

[29] H. Cixous, *L'amour du loup – et autres remords*, 2003, p. 98 (tradução minha).

[30] H. Cixous, *A chegada da escrita*, 2024, p. 10.

"À diáspora de seus desejos; aos desertos íntimos" são palavras com as quais, em *A chegada da escrita*, Hélène Cixous nomeia o pior, reiteramos: as proibições e silenciamentos que recaem sobre as mulheres, suas línguas, suas formas de viver e de gozar, e tudo aquilo que poderá ganhar corpo com *a chegada da escrita*. Quem a receberá? As últimas linhas do texto que vocês têm em mãos ensaiam uma resposta que, por ser tão transitória, torna-se um chamado ardente, chamejante; chama para que, das cinzas, faça-se tinta, ou *língualeite* em que jorra o mel amoroso da escrita, do inconsciente. O texto nos mostra que uma mulher está sempre a inventar com ele, o inconsciente que sonha e envia suas letras e cartas: "[...] não é suficiente que corram nossas águas de mulher para que, sem cálculo, se escrevam nossos textos selvagens e populosos? Nós mesmas na escrita como os peixes na água, como os sentidos nas línguas, e a transformação em nossos inconscientes."[31] Deixar[32] a escrita chegar em seu movimento incessante implica a pergunta como recebê-la, enfim? Relançando-a, traduzindo-a, relendo-a, sem fim. Deixemos a palavra derradeira

---

31 H. Cixous, *A chegada da escrita*, 2024, p. 79.

32 Que ressoe a pergunta de Mireille Calle-Gruber em torno da formulação de Cixous, em *Déluges*, segundo a qual Clarice *se deixa ir*. A não mestria da escrita não implica passividade, mas um se deixar ir. Nesta direção, este ensaio é iluminador dessa questão também cixousiana. Cf.: H. Cixous e Mireille Calle-Gruber, *Hélène Cixous, photos de racines*, p. 47.

deste posfácio para o próprio texto: "Quando você tocou o fim, só então o começo pode vir até você."[33]

Rio de Janeiro, setembro de 2023

Flavia Trocoli

Professora da Faculdade de Letras da UFRJ, doutora em Teoria e História Literária pela Universidade Estadual de Campinas (Unicamp) e integrante-fundadora do Centro de Pesquisas Outrarte – a psicanálise entre a ciência e a arte (IEL/Unicamp). Co-organizadora dos livros *Um retorno o Freud*, *Giros da interpretação*, *Teoria literária e suas fronteiras* e autora de *A inútil paixão de ser: figurações do narrador moderno* e de *Hélène Cixous – A sobrevivência da literatura*, lançado pela Bazar do Tempo em 2024.

---

[33] H. Cixous, *A chegada da escrita*, 2024, p. 58.

REFERÊNCIAS BIBLIOGRÁFICAS

ANDERS, Günther. *Kafka: pró e contra*. Tradução de Modesto Carone. São Paulo: Cosac Naify, 2007.

CASSIN, Barbara. *Elogio da tradução: complicar o universal*. Tradução de Daniel Falkemback e Simone Petry. São Paulo: Martins Fontes, 2022.

CIXOUS, Hélène. *O riso da Medusa*. Tradução de Natalia Guerellus e Raísa França Bastos. Rio de Janeiro: Bazar do Tempo, 2022a.

_____. *A hora de Clarice Lispector*. Tradução de Márcia Bechara. São Paulo: Nós, 2022b.

_____. *La legada a la escritura*. Tradução de Irene Agoff. Buenos Aires: Amorrortu, 2015.

_____. *Le Rire de la Méduse*. Paris: Galilée, [1975] 2010.

_____. *Rêve je te dis*. Paris: Galilée, 2003a.

_____. *L'amour du loup et autres remords*. Paris: Galilée, 2003b.

_____. *OR, les lettres de mon père*. Paris: des femmes, 1997.

_____. *Three Steps on the Ladder of Writing*. Nova York: Columbia University Press, 1994.

_____. *Entre l'écriture*. Paris: des femmes, 1986.

_____. *Le Troisième Corps*. Paris: Grasset, 1970.

_____. e CALLE-GRUBER, Mireille. *Une autobiographie allemande*. Paris: Éditions Christian Bourgois, 2016.

_____. e _____. *Hélène Cixous, photos de racines*. Paris: des femmes, 1994.

DERRIDA, Jacques. *D'un ton apocalyptique adopté naguère em philosophie*. Paris: Galilée, 2005.

_____. *H.C. pour la vie, c'est à dire...* Paris: Galilée, 2002.

_____. *Le monolinguisme de l'autre.* Paris: Galilée, 1996.

_____. *Gêneses, genealogias, gêneros e o gênio.* Tradução de Eliane Lisboa. Porto Alegre: Sulina, 2005.

JAMES, Henry. *Os papéis de Aspern.* Tradução de Chico Lopes. Guaratinguetá: Penalux, 2017.

KAFKA, Franz. *Em artista da fome e A construção.* Tradução e posfácio de Modesto Carone. São Paulo: Companhia das Letras, 1998.

LEVI, Primo. *É isto um homem?.* Tradução de Luigi del Re. Rio de Janeiro: Rocco, 2022.

LISPECTOR, Clarice. *Água viva.* Rio de Janeiro: Rocco, 2019.

MALLARMÉ, *S. Mallarmé.* Tradução de Décio Pignatari Campos e Haroldo de Campos. São Paulo: Perspectiva, 1991

SEGARRA, Marta (org.). "L'amité, la trahison, la traduction", in *L'événement comme écriture: Cixous et Derrida se lisant.* Paris: Éditions Campagne Première, 2007.

SISCAR, Marcos. "A tradução extravagante: Maria Gabriella Llansol, leitora de Baudelaire", in SISCAR, Marcos.

MORAES, Marcelo Jacques de; CARDOZO, Maurício Mendonça. *Vida poesia tradução.* Rio de Janeiro: 7 Letras, 2021.

TROCOLI, Flavia. "Clarice Lispector, Hélène Cixous e a miopia como procedimento", *Currículo sem Fronteiras*, vol. 21, 2021, p. 540-522.

SOBRE HÉLÈNE CIXOUS

Hélène Cixous nasceu em 1937 em Orã, na Argélia. Sua mãe, Ève Klein, era parteira de origem judaica. Seu pai, Georges Cixous, também médico e judeu, nasceu em Orã e faleceu de tuberculose quando a filha tinha apenas dez anos.

Tendo sido criada perto de comunidades árabes pobres na Argélia, com as quais trabalhavam seus pais, Cixous viveu a experiência da colonização francesa, da violência e da exploração da população argelina, a qual comenta em diversas entrevistas. A autora deixou a Argélia em 1955 para iniciar seus estudos na França, obtendo a *agrégation* (um dos concursos mais importantes no setor da educação francesa) em Inglês em 1959 e defendendo, quase uma década depois, sua tese de doutorado sobre James Joyce.

Na década de 1960, participou de diversas iniciativas dos movimentos de mulheres no país e do movimento contestatório que tomou conta das universidades em Paris, em maio de 1968. Ao lado de Jacques Derrida, com quem nutriou uma forte amizade ao longo de toda a vida, participou da criação da Universidade de Vincennes (Paris 8). Com ele também criou o Centre National des Lettres (1981-1983) e participou do Parlement International des Écrivains (1994). Na Universidade de Vincennes, fundou o hoje chamado Laboratório de Estudos de

Gênero e Sexualidade (LEGS), pioneiro na Europa. Hélène Cixous fundou igualmente a revista *Poétique*, com Tzvetan Todorov e Gérard Genette, em 1969.

Cixous começou a publicar em 1967 *(Le prénom de Dieu)* e não parou: contam-se hoje quase cinquenta obras de ficção, mais de trinta ensaios e quatorze peças de teatro, pelos quais recebeu diversos prêmios, como o Prêmio Médicis, em 1969, e o Prêmio Marguerite Duras, em 2014. Ficou conhecida no Brasil por ter sido uma das grandes promotoras da obra de Clarice Lispector na França, na Inglaterra e nos Estados Unidos. A maior parte da recepção aos textos de Hélène Cixous se deu, justamente, em língua inglesa, sendo reconhecida nos países anglófonos como representante maior do chamado French Feminism. Na França, no entanto, sua obra foi por longo tempo marginalizada por aqueles que não aceitavam suas propostas feministas engajadas. Grande parte de seus textos foi publicada pela editora feminista Éditions des Femmes-Antoinette Fouque, entre 1975 e 2000. Ela vive e trabalha em Paris.

BIBLIOGRAFIA DE HÉLÈNE CIXOUS

Textos ficcionais

Le Prénom de Dieu. Paris: Grasset, 1967.
Dedans. Paris: Grasset, 1969.
Les Commencements. [Grasset, 1970]. Paris: des Femmes, 1999.
Le Troisième corps. Introduction par Lucette Finas. [Grasset, 1970]. Paris: des Femmes, 1999.
Un vrai jardin. Paris: L'Herne, 1971.
Neutre. [Grasset, 1972]. Paris: des Femmes, 1998.
Tombe: roman. Paris: Seuil, 1973.
Portrait du soleil. [Les Lettres nouvelles, 1974]. Paris: des Femmes, 1999.
Révolutions pour plus d'un Faust. Paris: Seuil, 1975.
Préparatifs de noces au-delà de l'abîme. Paris: des Femmes, 1978.
Souffles [1975]. Paris: des Femmes, 1998.
Là. Paris: Gallimard, 1976.
Partie. Paris: des Femmes, 1976.
Angst [1977]. Paris: des Femmes, 1998.
Anankè. Paris: des Femmes, 1979.
Illa. Paris: des Femmes, 1980.
Limonade tout était si infini. Paris: des Femmes, 1982.
Le Livre de Promethea. Paris: Gallimard, 1983.
Manne: aux Mandelstams, aux Mandelas. Paris: des Femmes, 1988.
Jours de l'an. Paris: des Femmes, 1990.

On ne part pas, on ne revient pas. Paris: des Femmes, 1991.
L'ange au secret. Paris: des Femmes, 1991.
Déluge. Paris: des Femmes, 1992.
Beethoven à jamais ou L'existence de Dieu. Paris: des Femmes, 1993.
La fiancée juive: de la tentation. Paris: des Femmes, 1995.
Messie. Paris: des femmes, 1996.
Or: les lettres de mon père. Paris: des Femmes, 1997.
Voiles. Avec Jacques Derrida; et six dessins d'Ernest Pignon-Ernest. Paris: Galilée, 1998.
Osnabrück. Paris: des Femmes, 1999.
Le jour où je n'étais pas là. Paris: Galilée, 2000.
Les rêveries de la femme sauvage: scènes primitives. Paris: Galilée, 2000.
Benjamin à Montaigne: il ne faut pas le dire. Paris: Galilée, 2001.
Manhattan: lettres de la préhistoire. Paris: Galilée, 2002.
Rêve je te dis. Paris: Galilée, 2003.
Tours promises. Paris: Galilée, 2004.
L'amour même: dans la boîte aux lettres. Paris: Galilée, 2005.
Hyperrêve. Frontispice de Leonardo Cremonini. Paris: Galilée, 2006.
Si près. Frontispice et culispice de Pierre Alechinsky. Paris: Galilée, 2007.
Ciguë: vieilles femmes en fleurs. Frontispice de Pierre Alechinsky. Paris: Galilée, 2008.
Philippines: prédelles. Paris: Galilée, 2009.
Ève s'évade: la ruine et la vie. Paris: Galilée, 2009.
Double oubli de l'orang-outang. Paris: Galilée, 2010.
Revirements: dans l'Antarctique du coeur. Paris: Galilée, 2011.

Homère est morte. Paris: Galilée, 2014.

Gare d'Osnabrück à Jérusalem; accompagné de sept substantifs dessinés par Pierre Alechinsky. Paris: Galilée, 2016.

Correspondance avec le mur. Accompagné de cinq dessins à la pierre noire d'Adel Abdessemed. Paris: Galilée, 2017.

Ensaios

L'Exil de James Joyce ou l'Art du remplacement [1968]. Paris: Grasset, 1985.

Prénoms de personne. Paris: Seuil, 1974.

Le rire de la Méduse. Paris: 1975. [Ed. bras. *O riso da Medusa*. Trad. Natália Guerrellus e Raísa França Bastos. Rio de Janeiro: Bazar do Tempo, 2022a.]

La Jeune née. En collaboration avec Catherine Clément; dessins de Mechtilt. Paris: Union générale d'éditions, 1975.

Un K incompréhensible, Pierre Goldman. Paris: Christian Bourgois, 1975.

Vivre l'orange. Paris: des Femmes, 1979.

Le rire de la Méduse et autres ironies [L'Arc, 1975]. Paris: Galilée, 2010.

La Venue à l'écriture. Hélène Cixous, Madeleine Gagnon et Annie Leclerc. Paris: Union générale d'éditions, 1976. [Ed. bras.: *A chegada da escrita*. Trad. Flavia Trocoli (coord.). Rio de Janeiro: Bazar do Tempo, 2024.]

With ou l'Art de l'innocence. Paris: des Femmes, 1981.

Entre l'écriture. Paris: des Femmes, 1986.

L'Heure de Clarice Lispector; précédé de Vivre l'orange. Paris:

des Femmes, 1989. [Ed. bras.: *A hora de Clarice Lispector*. Trad. Márcia Bechara. São Paulo: Nós, 2022.]

Karine Saporta - Peter Greenaway: roman-photo / Hélène Cixous, Daniel Dobbels, Bérénice Reynaud. Paris: Armand Colin, 1990.

Hélène Cixous, photos de racines. Avec Mireille Calle-Gruber. Paris: des Femmes, 1994.

Poétique de la différence sexuelle: pour oublier, ne pas oublier, ne pas oublier d'oublier: séminaire 1992-1993. Paris: Collège international de philosophie, 1994.

Au théâtre, au cinéma, au féminin. Avec Mireille Calle-Gruber et la participation de Assia Djebar, Ariane Mnouchkine, Daniel Mesguich. Paris; Budapest; Torino: l'Harmattan, 2001.

Portrait de Jacques Derrida en jeune saint juif. Paris: Galilée, 2001.

L'amour du loup et autres remords. Paris: Galilée, 2003.

Rencontre terrestre: Arcachon, Roosevelt Island, Paris Montsouris, Manhattan, Cuernavaca. Avec Frédéric-Yves Jeannet. Paris: Galilée, 2005.

Le tablier de Simon Hantaï: annagrammes [sic]; suivi de H. C., S. H., lettres. Paris: Galilée, 2005.

Insister: à Jacques Derrida. Accompagné de trois dessins originaux d'Ernest Pignon-Ernest. Paris: Galilée, 2006.

L'événement comme écriture: Cixous et Derrida se lisant. Textes réunis par Marta Segarra. Précédé de Ce qui a l'air de quoi, texte d'Hélène Cixous. Paris: Campagne première, 2007.

Le voisin de zéro: Sam Beckett. Paris: Galilée, 2007.

Peinetures: écrits sur l'art. Textes réunis et établis par Marta Segarra et Joana Masó. Paris: Hermann, 2010.

Entretien de la blessure sur Jean Genet. Accompagné de treize

dessins originaux d'Ernest Pignon-Ernest. Paris: Galilée, 2011.
Luc Tuymans: relevé de la mort. Paris: Éd. de la Différence, 2012.
Le voyage de la racine Alechinsky. Gravure de Pierre Alechinsky. Paris: Galilée, 2012.
Abstracts et brèves chroniques du temps. I. Chapitre Los. Paris: Galilée, 2013.
Le détrônement de la mort: journal du "Chapitre Los". Paris: Galilée, 2014.
Ayaï!: le cri de la littérature. Accompagné d'Adel Abdessemed. Paris: Galilée, 2013. [Ed. bras.: Ayaï! O grito da literatura. Trad. Flavia Trocoli. Rio de Janeiro: Bazar do Tempo, no prelo.]
Insurrection de la poussière: Adel Abdessemed. Suivi de Correspondance / A. A., H. C. Paris: Galilée, 2014.
Une autobiographie allemande. Avec Cécile Wajsbrot. Paris: Christian Bourgois éditeur, 2016.
Corollaires d'un voeu. Abstracts et brèves chroniques du temps; 2. Accompagné de cinq dessins à la pierre noire d'Adel Adbessemed. Paris: Éditions Galilée, 2015.

Teatro

La Pupille. Paris: Gallimard, 1972.
Portrait de Dora [Paris, Théâtre d'Orsay, 26 février 1976]. Paris: des Femmes, 1976. [Ed. bras.: Retrato de Dora. Trad. Izabella Borges. São Paulo: Blucher, 2024.]
Réflexions: 1977. Théâtre du Miroir; avec la collaboration de Daniel Mesguich, Catherine Tosca, Hélène Cixous, Serge Mestre, etc. Paris: Théâtre du Miroir, 1977.

Le Nom d'OEdipe: Chant du corps interdit: Avignon, Cour d'honneur du Palais des papes, 26 juillet 1978. Paris: des Femmes, 1978.

L'Histoire terrible mais inachevée de Norodom Sihanouk, roi du Cambodge. Paris: Théâtre du Soleil, 1985.

Théâtre. Paris: des Femmes, 1986.

L'Indiade: ou l'Inde de leurs rêves: et quelques écrits sur le théâtre. Paris: Théâtre du Soleil, 30 septembre 1987.

Les Euménides. Eschyle: Paris: Théâtre du Soleil, 26 mai 1992. Traduction Hélène Cixous; notes Pierre Judet de la Combe. Paris: Théâtre du Soleil, 1992.

La ville parjure ou Le réveil des Érinyes: Vincennes, la Cartoucherie, 18 mai 1994. Paris: Théâtre du Soleil, 1995.

La ville parjure ou Le réveil des Érinyes Paris: Théâtre du Soleil: Éd. théâtrales: Bibliothèque nationale de France, 2010.

L'histoire (qu'on ne connaîtra jamais). Paris: des Femmes, 1994.

Tambours sur la digue: sous forme de pièce ancienne pour marionnettes jouée par des acteurs. Paris: Théâtre du Soleil, 2000.

Rouen, la trentième nuit de mai '31: Villeneuve-lès-Avignon, 18 juillet 2001. Paris: Galilée, 2001.

Les naufragés du « Fol espoir »: aurores. Création collective du Théâtre du Soleil; mi-écrite par Hélène Cixous; librement inspiré d'un mystérieux roman de Jules Verne. Paris: Théâtre du Soleil, 2010.

CIP-Brasil. Catalogação na Publicação
Sindicato Nacional dos Editores de Livros, RJ

C529c

Cixous, Hélène, 1937-
A chegada da escrita / Hélène Cixous ; coordenação, versão final e notas Flavia Trocoli ; tradução Danielle Magalhães ... [et al.]. - 1. ed. - Rio de Janeiro : Bazar doTempo, 2024.
112 p.
Tradução de: Entre l'écriture
ISBN 978-65-84515-72-7
1. Poética. 2. Criação (Literária, artística, etc.). I. Trocoli, Flavia. II. Magalhães, Danielle. III. Título.

24-91984
CDD: 844
CDU: 82-4(44)

Meri Gleice Rodrigues de Souza – Bibliotecária – CRB-7/6439

1ª reimpressão, fevereiro de 2025

Este livro foi editado pela Bazar do Tempo
na cidade do Rio de Janeiro e impresso em papel
Pólen Bold 90 g/m² pela gráfica Pifferprint.
Foram usadas as tipografias Neima e Adobe Calson Pro.

1ª reimpressão, fevereiro de 2025